嫌中論

黃文雄／著

陳悅文／譯

前衛出版

前言

近年來，東亞的反日、仇日運動越來越激烈。所謂的反日國家，便是中國、韓國及北朝鮮。這三個國家自以為代表全亞洲，在言辭上不停地反日。

但是冷靜地想想，世界200多個國家，也只有3個國家反日。連近代視日本為最大威脅的俄羅斯，也不再視日本為敵國。

早在開國維新及大航海時代之前，日本的國民性及教養便聞名於西歐各國。而中國人、華人、華僑，不論在地球的哪個角落，都被討厭。中國人自己也寫了很多「海外排華史」，可證明這一點。

在中國國內，漢人也被維吾爾人及西藏人視為毒蠍。現在在世界各地，貼有「小心中國人」、「謝絕中國人」的店家已越來越普遍。

那麼，為什麼中國人到處討人厭呢？

因為：團隊中只要有一個中國人，肯定糾紛不斷。因為：中國有名為「中華思想」的國民思想。只要是中國人，就無法避免以自我為中心，以中國為世界中心的思考模式。只要有中華思想，不但優越感強，免不了也唯我獨尊。中國人之到處惹是非，其來有自。

現在最令全世界顫慄的，是中國人在各地的殘暴犯罪。

中國人可以因為不高興，覺得自己受到委屈就殺人；有因為研究論文失和，最後乾脆殺了所有的評審教授；有因為小小的錢財而滅門的，層出不窮。

但是，犯下這種滔天大罪的，並不是中國黑道，而是得以到海外留學的中國菁英階級。根據中國政府「走出去」的國策，每年有一百萬的中國人離開中國，往世界各地四散。

於是，世界各地湧來大量的中國人，與當地人發生爭執。鬧區不得不貼出「小心中國人」的看板。

「什麼都假，只有騙子為真！」這句話十分貼切地說明了中國這個國家的特質。世界80%的仿冒品來自中國，除了「飛機和原子彈」以外，什麼仿冒品都有。

中國還有有毒食品、黑心假藥。2007年5月，中國的假藥在巴拿馬造成至少390人死亡。這也是中國飽受世界指責的原因。「No China」運動是必然的結果。

中國的水質、河川、海洋、空氣、酸雨等的污染，自己也身受其害。如果中國國內自作孽就算了，可憐的是鄰國也跟著遭殃。中國現在是「世界公害擴散中心」。

中國自古以來就是世界性傳染病的擴散地，以「疫病之國」聞名於世。日本許多傳染病來自中國，世界大流行的疫病也大多源自中國。

因為中國人的生活習慣實在太差。如各位記憶猶新的SARS、禽流感等等，都來自於中國人惡劣的衛生環境，以及一有什麼事發生就隱瞞、封鎖消息的國家體質。

　　中國漫無止境的軍擴，也是造成世界警戒的原因之一。說到中國的軍擴，中國的國防預算已經連續18年以兩位數在成長，用在核武、導彈開發、向俄國購買巨額的最新兵器。儘管胡錦濤政權不停地宣傳中國是「和平崛起」，但只要江澤民以來的軍國主義路線不改，中國不可能和平崛起。

　　美國政府的關係人士早已指出這點，日本政府也開始認識到「中國威脅論」。中國的軍擴是為了保衛社會主義政權、確保海上航線、以及對抗美國的制霸。為了實現這些目的，就必須有強大的軍事力。還有，中國做為流氓國家的老大，在中美新冷戰關係裡，也不得不以此來自衛。

　　更甚者，中國人誤以為，中國的霸權、擴充主張就是「中華復興」。實際上拳頭大和中華復興是兩回事。但是目前中國所主張倡導的社會主義社會已經完全失敗，如果沒有其他可以取而代之的魅力，光靠軍事力比拳頭，是不能「復興中華」的。中國人難道還不明白：動不動就恫嚇要血洗台灣，要以核武炸平美西、日本，造成世界局勢的緊張，這只會讓中國更討人厭而已。

　　本書從各種觀點來分析世界的嫌中情感，探討中國為什麼這麼討人厭。如果本書能讓各位看穿中國的本質，而有助於各位對中國的考察與瞭解，實為幸甚。

目　次

前言

第一章　全世界都討厭中國

日益高漲的日本嫌中論　　　　　　　　　　　　014

小中華的韓國也嫌中　　　　　　　　　　　　　018

越南人根深的反中意識　　　　　　　　　　　　022

華僑在東南亞也是討人厭　　　　　　　　　　　025

印度忘不了中國的趁人之危　　　　　　　　　　027

俄國人打從心底不相信中國人　　　　　　　　　029

在非洲被視為不速之客　　　　　　　　　　　　031

南美洲謹防中國人犯罪　　　　　　　　　　　　034

歐洲也怕中國偷渡客　　　　　　　　　　　　　036

台灣人也討厭中國人　　　　　　　　　　　　　039

西藏、維吾爾、蒙古等「夷狄」恨中國入骨　　　041

第二章　自我本位的中國人

傲慢的中國人　　　　　　　　　　　　　　　　046

荒誕無稽的中原思想 048

「中」是中國人僅有的方向感 050

幻想統一世界的中國人 053

自我本位的中國人 055

日本人的世界觀 057

是「人人為我」不是「我為人人」 059

跌入萬丈深淵的香港狄斯耐樂園 062

第三章　中國人唯我獨尊的優越感

非中國人即禽獸的優越感 066

中國是世界最大的雜種文化集團 068

中華思想是安慰中國人精神的猛藥 071

夷狄者，殲之不為不仁 073

中國人幻想世界諸文明皆起源於中國 074

中國人的「托中國之福論」 077

世界上最聰明民族的自信 080

95％人類史是中國史 082

連夷狄也編入中華民族 084

民族主義的回頭路 087

民族文化被抹消的西藏 089

第四章　影響世界的中國毒

散佈疫病的中國	092
Made in China的仿冒品	095
吃死人的毒藥及毒菜	098
中國在世界各地搶奪資源	100
打擊鄰國的公害污染	101
大中華犯罪共榮圈	104
活躍在世界各地的中國間諜	106
強調「和平」的中國軍擴	108
華禍是21世紀人類最大的威脅	110

第五章　死不認錯的中國人

都是別人不對	116
投機主義的中國人	119
政治決定如何解釋歷史	121
中國文人相輕的理由	124
貽笑大方的中國領土主張	126
中國人什麼都要和政治牽扯不清	129
絕對的不寬容	131
中國利用反省、謝罪	133

第六章　不相信別人的中國人

中國人的家庭教育從「不要被騙」開始　　138

謊話連篇的教科書　　139

中國人的家族主義　　141

兄弟相殘的中國史　　142

「中國人最講義氣」的神話　　144

50%的貿易契約履行率　　146

在懷疑、狡滑中生存的中國人　　148

倫理道德是畫在書中的大餅　　149

中國人不相信日本人的誠信　　151

中國朋友最危險　　153

孤獨的中國人　　155

欺騙民眾的中國媒體　　156

中國人的原則就是沒有原則　　160

看時間、看地方、看對手　　162

正反兩極的中國人與日本人　　164

第七章　想要就用搶的中國人心理

搶到的就算自己的　　168

一獲千金的盜墓熱　　171

自古以來的匪賊社會　　　　　　　　　　　175

在中國，誰都有可能成為匪賊　　　　　　　177

易姓革命是國盜歷史的象徵　　　　　　　　181

順手牽羊是之所以為中國人的條件　　　　　182

連日本警察都怕的中國人犯罪　　　　　　　184

第八章　信仰金錢的中國人

有文化沒精神的中國人　　　　　　　　　　188

世俗化民族的慰藉　　　　　　　　　　　　191

中國人的精神世界中沒有「神」　　　　　　194

中國人無法了解「靖國神社」　　　　　　　195

威脅利誘才能讓中國人推磨　　　　　　　　197

中國人的「義」要讀作「利」　　　　　　　200

講到錢就變臉　　　　　　　　　　　　　　202

全民「向錢看」　　　　　　　　　　　　　206

錢可以買到權的悠久歷史　　　　　　　　　208

無法禁絕的貪污　　　　　　　　　　　　　211

無神就什麼也不怕　　　　　　　　　　　　213

第九章　所以中國到處討人厭

1、牆頭草　216

2、狗眼看人低　218

3、沒良心　219

4、不把人當人看　221

5、不守約定　222

6、強詞奪理　224

7、死不認錯　226

8、到處犯罪　227

9、馬馬虎虎　230

10、沒國際常識　231

11、軟土深掘　233

12、動不動就恐嚇他人　234

第一章

全世界都討厭中國

日益高漲的日本嫌中論

近幾年，日本人越來越嫌中：討厭中國。這個可以從日本最近做的各項調查及統計中看出來。根據2005年12月24日，日本內閣府公佈的「外交輿論調查」，當中只有32.4%的人對中國「感到親切」，破了近年來的最低；反過來，回答「感到不親切」的則高達63.4%，是近年來的最高。就年齡來看，20到70各年齡層的六成人口都「嫌中」。

在約30年前，也就是1978年的調查中，回答「感到親切」的有62.1%，「感到不親切」的有25.6%。30年之間，日本的對中情感出現了180度大逆轉。

再和2000年的輿論調查比較：「感到親切」的有48.8%，「感到不親切」的有47.2%，分庭抗禮，不過已可以看出日本「嫌中」的趨勢。

針對這項調查，中國外交部發言人秦剛在記者會中表示：「中日兩國人民感情存在下滑趨勢，造成這種狀況的原因是多方面的，根本原因是日方在台灣、歷史等問題上不斷採取錯誤言行。」（新華社，2005 / 12 / 27）中國不但不思考為什麼日中感情惡化、自己討人厭，反而怪起日本，怪人家沒有喜歡中國。

但是，討厭中國的「嫌中論」，對中國不信任、視中國為威脅的「中國威脅論」不限日本。接下來本書便要詳細解

說這個「世界潮流」及現象。說「嫌中」是時代趨勢、世界潮流一點也不過份。因此在思考「嫌中」時，不應只考慮日中的關係，而應該將其放入國際的大環境中來探討、檢視這個問題。不然，不但沒有辦法了解這個正在世界加速擴大的「嫌中」情感的實際情況及其本質，也無法看穿中國這個國家。要不就會像先前的秦剛發言一樣，將問題簡單化、單純化、矮小化，最後轉移問題：「都是日本不好。」日本甚至有許多知識份子、媒體也認爲日中關係越來越不好是因爲首相參拜靖國神社，及日本的政治家對過去歷史的錯誤認識及反省不夠所造成的。

我想以世界性的角度來探討日中關係的問題所在。這裡所說的「嫌中」，並不只是指中國或中國政府，而是針對所有的中國人，及中國的傳統文化，或任何所謂「中國的」、「中國式」的一種綜合體。

有幾個原因使得嫌中情感在世界日漸擴大。其中有中國的失策。也有的是中國與外國之間的誤會及曲解。當然還有中國自己自作自受的國家政策。

日中有將近二千年的外交歷史。就這段歷史來看，中國對日本來說，是非常重要的國家：既是文明的先進國，也是可供學習的模範。日本江戶時代的朱子學者們甚至視中國爲「聖人之國」、「道德之國」。

和今天完全相反，當時的日本人對中國既尊敬又憧憬。當然，在交通不方便的當時，日本人並不是眞的到過中國或了解中國，而只是尊敬中國文化、及中國式的思考。但是也

有持不同意見的日本國學者，譬如本居宣長（1730～1801）批評中國式的思考及文化虛偽而矯情，假藉一堆理由小題大作，將不合理合理化，所以他主張以重視人真實情感的「和心」、「和魂」來對抗「漢心」及「漢意」。

在江戶鎖國時代，有關中國及荷蘭的傳聞及消息，透過來往長崎的中國船及荷蘭船進入日本。因此當時的日本人也客觀地了解到荷蘭遠比中國進步的事實。

這點可以從日本的開國維新得到佐證。明治維新選擇了「脫亞入歐」的西洋近代化之路。日本在開國維新時改頭換面，在國家結構及國家政策上作了革命性的變革。大半日本人的中國觀也在這個時期開始有了變化。

特別在經過日清、日俄戰爭之後，日本的中國觀有了很大的轉變。但是在這裡需要釐清以免誤會的是，日本並沒有從「尊中尊華」變成「蔑中侮華」。

正如福澤諭吉在《脫亞論》中寫的：看破了中國在列強林立時代仍然不改固陋舊習，因循苟且的態度；另外，中國失控的反日侮日行為，也讓日本產生了「暴支膺懲」（意為「懲罰殘暴的支那」）的感情。無論如何，日本嫌中情感的惡化絕非日本單方面的問題。

其實，日本非常期待中國的覺醒。若是忽略日本曾經大力鼓吹大亞洲主義並資助中國革命，並且積極地意圖扭轉亞洲形勢的話，便會無法看清日中兩國之間的全貌。

戰後，「世界革命」、「解放人類」成為世界的潮流。日本的知識份子視社會主義革命成功的中國為「地上的樂

園」。就算日本人後來知道「地上的樂園」只是「幻想」時，日本的親中情感還是沒有多大的改變。

1978年簽訂日中和平友好條約時，鄧小平強調要「子子孫孫，世世代代友好」。雖然這個表現有點誇張，但是也可以看出兩國對這個條約的期待。1989年發生「六四天安門事件」，就在歐美各國相繼對中國發動經濟制裁之際，只有日本沒有參加。日本想在中國危難時拉中國一把。

只要想想日本和歐美的關係，就可以明白日本做了一個很大的決定。日本想對中國盡義理，但是中國卻沒有了解日本的度量與見識，這是中國的一大誤算。

中國不但沒能發現自己的誤算，並且進入了以「反日」為國家政策的時代。其社會背景是：天安門事件之後，改革開放路線使得社會主義的聲音越來越小，並且失去向心力，因此需要以「反日」做為鞏固民心的手段。

如果能正確地了解這個前因後果，就可以明白日本嫌中情感的高漲是必然的結果。日本的嫌中情感象徵了日本人民對中國「反日、悔日」國家政策的反感。

中國人在2004年8月亞洲盃足球賽中所表現的反日情感、及2005年4月在上海發生的反日愛國暴動、旁若無人地侵犯日本海域的中國潛艦事件、強行在東海開發油田、中國人在日本犯下的多起駭人聽聞的兇殺案件，都在日本社會引起了極大的震駭。「嫌中」也是日本人對這些事件的具體表現。日本「嫌中」的根本原因在於中國人及中國政府，如果將日本嫌中情感的高漲解釋為靖國參拜等問題的對立，便是

見樹不見林。

　　蔑視夷狄是中國人反日侮日的歷史文化背景。中國的夷狄思想引爆了許多國家的「嫌中」。

小中華的韓國也嫌中

　　中國人自古便瞧不起韓國人、朝鮮人及越南人。這是中國人對外族的「歷史情感」，也是中國人的「人種觀」。中國蔑稱四周的民族爲北狄、南蠻、東夷、西戎，只有朝鮮人及越南人被編入中華文明，長期以來被視爲中國的「屏蕃」，也就是「藩屬國」。

　　北方民族，或者西方諸族中，除了有曾經君臨中華世界建立王朝的蒙古人以外，也有雖然沒能建立王朝，但是曾佔領京師，帶給中華世界極大威脅的吐蕃人（西藏人）。

　　同樣是北方民族，只有朝鮮人不曾威脅到中國的王朝。朝鮮人對自己是中華帝國的屬國甘之如飴。但是對中國人來說，朝鮮的存在和奴婢不相上下。

　　韓國是這樣解釋中華帝國的朝貢冊封體制：「朝貢貿易只是一種形式。天朝的下賜品比屬國的朝貢品還要多很多。」意思是要說明其實自己並不是屬國，而是貿易伙伴，而且是椿利潤很大的生意。但是就實際的研究結果來看，朝鮮的下賜品不到朝貢品的十分之一。而且，朝鮮朝貢使坐在比琉球朝貢使還下座的位置，並且進了內宮後就得下馬。

　　朝鮮備受冷遇，但是每年仍然進貢大量的宦官及宮女給中華帝國。也有朝鮮人自誇自讚：朝鮮之所以未曾威脅過中國人是因為天性愛好和平，不過也有為此死不瞑目的「兩班」（貴族階級）。

　　譬如儒學家林白湖便在死前哀嘆：「四夷八蠻都入主中原，只有朝鮮做不到。在這麼沒用的國家長壽有什麼意義？」

　　但是大部份朝鮮人，特別是兩班，並不以此為恥。即使備受冷遇，只要能成為中華帝國的屬國便千恩萬謝。朝鮮具備了甘作中國屬國奴性。

　　譬如飽受北方契丹及女真威脅的宋朝，向金國稱臣納貢才好不容易能偏安江南。但是高麗朝貢使仍然「死心蹋地」前來向宋國表達做屬國的願望。但是對自身難保的宋朝皇帝來說，要來做屬國的高麗是個不折不扣的累贅。因為如果接受高麗成為屬國，搞不好還會引起北方列強「宋朝還有點實力」的誤會。

　　不過，高麗時代的「兩班」還算是好的。李朝時代兩班就更露骨而盡情地表現巴不得做中華帝國屬國的態度。特別是明亡之後，更加自負為小中華，發誓要為「中華傳統」盡忠，又比以往更加熱切地想要當中國人。他們比中國人還中國人，並且深信中國是理想的國家，醉心於朱子學。並非所有的朝鮮人都像兩班一樣全心全意地想要當中國人。

　　不如說，除了兩班之外的朝鮮人對「大國人」——也就是中國人懷有恨意。特別是19世紀末流入滿州的朝鮮人，飽

受中國人的欺壓，還發生了抓打朝鮮人的事件。中國農民和朝鮮農民激烈衝突，最後發展成「萬寶山事件」（萬寶位在長春以北附近）。萬寶山事件三天後，漢城（首爾）等大都市爆發了抓打中國人的暴動。

二次大戰結束，韓國建國，華僑逐漸被趕出朝鮮半島。在李承晚、朴正熙的時代，不但對中國料理店課以重稅，1960年時制定了「外國人土地所有禁止法」，1971年時根據「外國人土地取得及管理法」規定華僑一世代只能買一間房子及店面，並且嚴格限制其面積，使得許多韓國華僑不得不移民海外。於是在1970年約10數萬的華僑，到80年代後只剩下2萬多人。

韓國強烈排斥華僑也是造成「韓國沒有中國城」的原因。韓國人受夠了這些過去被貴族階級視為宗主國的中國人，最後決心把他們統統趕出去。

其背景除了各執一詞的歷史恩怨，還有朝鮮戰爭時，朝鮮半島慘遭中國人民義勇軍蹂躪一事，也讓韓國人無法釋懷。文革時，中國境內的朝鮮族飽受紅衛兵的壓迫，新仇舊恨、新傷舊傷，到今天也都沒能痊癒。

話說回來，韓國及朝鮮卻仿效中國，利用「反日」培養民族主義。近年來由於過熱的反日反美風潮，使得大中華民族主義與小中華民族主義的衝突稍微獲得消解，乍看之下，好像兩方越走越近。但是實際上，中韓關係卻越來越複雜。

譬如，2005年5月發生韓國的海洋警察用鐵棒毆打侵犯領海的中國漁民，最後還把他們丟進海裡的事件。

　　青島膠州市高家村的30多家韓國鍍金業者收到天文數字的電費單；青島市政府則指稱韓國企業逃稅。

　　還有，由於韓國企業的廠長毆打中國員工所引發的罷工、官司訴訟、佔領辦公室、工廠的事件不斷。特別是在山東省的韓國企業其勞資紛爭特別多。

　　韓國除了對中投資的經濟衝突之外，近來由於中國意圖將紀元前便存在於朝鮮半島的國家——高句麗列入「中國地方史」，使得韓國再度意識到中國霸權主義，民間也越來越「嫌中」。其證據是2006年3月9日，韓國各家報紙紛紛刊載了許多評論及分析亞洲足球盃日中之賽時發生的大規模反日運動。其內容大多譴責中國人的行為，當中還介紹了韓國人替日本人加油的花絮。

　　東亞日報記者在專欄中這樣寫：「那晚，日本隊得分時，首爾的家庭及餐廳傳來陣陣韓國國民歡呼。許多韓國人也很驚訝自己竟然替日本加油。」專欄分析中國企圖要將高句麗史納入本國史所引起的中韓摩擦，促使了這種「不可能」的事情發生。

　　韓國人蔑稱中國人「垢奴」。金文學是出身於中國瀋陽的朝鮮人，目前定居並任教於日本。他在《告韓國國民！》（祥傳社黃金文庫）中指出了韓國人的中國人觀：「不衛生、髒、烏合之眾、又吵又愛挑剔，不守秩序，只顧自己、愛面子、講話下流、不團結。愛說謊、虛偽、矯情、懶惰、短視近利、怕權勢、錢與名的奴才、搞得好就是自己有德，搞不好就是別人不好」等等，視中國人一文不值。

金文學還說：「韓國人非常討厭日本人，但是也寧可人家說韓國人像日本人，而不是中國人。」

韓國人的中國人觀和台灣人十分類似。

越南人根深的反中意識

朝鮮和越南是位在中華帝國東北及東南的兩大屬國。兩國同為半島國家，也是中華帝國初期（秦漢時代）以來的屬國。不過兩國當然也有不同的地方。

朝鮮位於中華帝國京師的附近，在統一新羅之後，積極地成為中華帝國的屬國，這個傾向在李朝時代時尤其明顯。

另一方面，越南就是秦漢帝國初期時所建立的大越國，其首都原設在今天的廣州。越南雖然成為中華帝國的屬國，但是卻不停地和中央作對、反抗。譬如紀元40年發生了有名的徵側、徵貳的徵氏姐妹武裝反抗事件；還有938年吳權大破南漢的遠征軍，在古螺即位稱王；980年黎桓擊退宋軍。1427年，黎利擊退佔領越南地方20年的明軍。換句話說，越南之成為屬國，只不過是在名目上滿足中華帝國冊封體制的面子而已。對中華帝國來說是個「陽奉陰違」的國家。

從字源來看「越」這個字，原來就是越過邊境之外地的意思。本來百越之民才是中國長江文明的原住民、主角，但是由於漢族勢力的南下，被迫遷移到越南半島越系諸族的百越，便在其地建國。

因此，雖然同爲漢字文化圈，越南很早便發展出「字喃文字」，並且在19世紀開始使用表音的羅馬字。因此也可以看出，越南決定脫離中華文明的決心。

戰後，中國、北朝鮮、北越成爲共產主義國家。從地政學或是就中華文明的關係來看，有其歷史背景的共通性。共產主義化的中國也將北朝鮮及北越一同編入共產圈。

但是中國和越南的關係卻急速地惡化。其原因是越戰中的1974年，中國趁火打劫突然進攻越南領土的西沙群島，攻破防守的南越南軍後，中國便立刻宣佈西沙群島是中國的版圖。接著中國又因爲中越國境問題、越南攻擊中國支持的柬埔寨波爾布特政權、越南向蘇聯的傾斜、及越南國內的排華運動而對越南十分感冒，1979年以「懲罰戰爭」的名義，派出了20萬（中國説法。越南認爲有60萬人）的人民解放軍進攻越南（中越戰爭）。結果中國軍不敵越南軍的奮戰，最後以撤退的方式結束了這場戰爭。中越之間要到西元2000年，才正式劃定國界。

中國知道南沙群島有豐富的海底資源後，又立刻主張南沙群島是「中國固有的領土」，爲此1988年兩國再度發生軍事衝突。除了越南、中國以外，台灣、菲律賓也都主張領有同群島。儘管如此，中國還是在1992年宣佈南沙群島爲中國領土。其後，這個地區紛爭不斷。

不論如何，越南和中國之間的紛爭不斷，起碼可以說明「越南不如朝鮮歸順」的事實。和朝鮮半島不一樣的是，越南是個境內民族超過五十個以上的多民族國家，並且有極豐

富的自然資源。

越南在戰後，被捲入中國的社會主義化，走上了不同於泰國、馬來西亞的道路。

由於越南也不同於北朝鮮、韓國，對中國採取反抗的態度，因此還得出征應戰中國的「懲罰戰爭」，可以說有一段十分艱辛的苦難歷史。不用說越南人當然討厭中國人。

第二次大戰結束之後，蔣介石的國民黨軍根據聯合國指令佔領北越。當時胡志明便說：「與其一輩子吃中國人的大便，不如暫時聞聞法國人的臭屁。」也就是說被中國佔領還不如當法國的殖民地來的好。

大戰及中越戰爭結束後，越南開始放逐華僑，是東南亞中最反中、最嫌中的國家。

由於越南的排華，據推測向北逃入中國的華僑約26萬人，以海路逃亡的越南難民中約有20到30萬人是華僑。

近年來，中越兩國的外交關係雖然略有好轉，但是中越兩千年來的齟齬，無法輕易地因為中國反日的合縱連橫及遠交近攻政策便得以解決或改善。

2002年2月中國國家主席江澤民訪問越南。越南的外交部長當面要求中國應該為中越戰爭的侵略行為道歉，江澤民回答「應該要看未來」拒絕道歉，並且反過來要求越南教科書中有關中越戰爭的記載應該要「寫友善點」。當然越南沒有接受中國的要求。但是中國一面拒絕向越南道歉，一面卻執拗地要求日本反省謝罪，在日本人的眼中成為鮮明的對比。從這裡也可以看出中國人以自我本位的自私性格。

華僑在東南亞也是討人厭

　　華僑在東南亞的歷史很長。中國戰亂、飢荒不斷是其中一個理由。在15世紀～16世紀的大航海時代，也就是倭寇活躍的時代，南洋就已經有日本人村及華人村。

　　海禁和陸禁是中國的傳統。到了南洋的華人都是棄民（背棄皇土之民），不但不准回國，還有因此一族被誅殺的例子。在歐美列強盛行奴隸買賣的時代，中國人被稱作黃色奴隸，也就是所謂的「豬仔貿易」。

　　在南洋的華僑史中，當然也有建立一大貿易王國的華僑，如：波羅州的羅芳伯、泰國的鄭昭。之後，由於大航海時代的來臨，葡萄牙、西班牙、荷蘭進出南洋，南洋淪為列強的殖民地。之後，法國、美國、英國也相繼來到南洋。南洋被時代及列強所翻弄。

　　就在西歐經營殖民地的同時，地方的華僑勢力也開始抬頭，華僑以白人企業的工頭之姿在南洋各地擴展勢力。

　　因此，南洋各地在進入廿世紀後的殖民地解放運動中，同時也發生放逐華僑的排華運動。大致來說，從南洋、印度洋、到非洲大陸的這片地區中，緬甸為界以東是華僑，以西是印（印度）僑的勢力。

　　大東亞戰爭當時，南洋的各殖民地以歡聲迎接日本軍，並且協助日本軍放逐華僑。譬如馬來西亞的Kelantan州政府

便在州都的Kota Bharu舉行了紀念日本軍登陸50週年慶典，並且設立軍事博物館表示感謝。從這裡可以看到華僑與當地民族的對立關係。如果不知道這些史實，就沒有辦法正確地了解及解釋說明東南亞的歷史。

但是如果站在中國人的立場來看，南洋各地的反華僑運動是「海外排華史」。但是南洋各地的「排華」歷史，和中國「扶清滅洋」的「義和團」在本質上完全不同。雖然同樣排外，但是和中國仇視、屠殺所有外國人及基督徒的排外是不一樣的。南洋各地的「排華運動」，可以視為南洋為了擺脫西洋及華僑支配的獨立運動之一環。

緬甸的第一任首相巴莫（Ba Maw 1893～1977）在《緬甸的黎明》一書中這樣說明了英國、華僑、印僑的支配：「外國人從上到下對緬甸進行殘暴而徹底的壓榨，龐大的英國企業及中國人和印度人分別佔了上等、中等的地位。」當時英國利用中國人及印度人當工頭掌櫃來統治緬甸，首都仰光華人及印度人各佔三分之一，因此反英獨立運動的本質可以說是排華、排印運動。

南洋諸國在獨立後，仍然沒能脫離華僑的經濟支配及搾取，因此只好再進一步採取更激烈的排華運動。

特別是在越南及印尼。因為對他們來說，如果不能趕走華僑，就不能獲得真正的獨立。

印尼的財富被人口僅3%的華僑所獨佔，人民怨聲載道。從1945年到印尼獨立的1949年為止，印尼發生了十數次的排華暴動事件，不但漢字被禁止，財產也被沒收。在1965

年發生的共產黨軍事政變中，有將近30萬的華人被殺。之後，1998年蘇哈托政權倒台之後，連續發生了華人及商店被攻擊的事件，想必大家還記憶猶新。

印度忘不了中國的趁人之危

印度和中國兩者都是由北向南發展的文明古國。中國人口13億，印度則為11億，若是加上同為印度圈的巴基斯坦、孟加拉，則印度圈的人口略多於中國。

種姓制度是在雅利安人進入南亞時出現的。雅利安人用此區分雅利安人和當地的土著，最後發展到有四個種姓。中國則是同化、華化、王化、德化所有被征服的民族，成為複合的文化集團。

印度未受中華文化的影響，但是中國卻深受印度文化的影響，尤其佛教文明影響中華文化甚鉅。

中國人是非常世俗化的民族，平常並不相信有神，還要「敬鬼神而遠之」，但是由於常常處於天下大亂，中華文明又無法救濟靈魂，於是便需要宗教的憑藉及歸依。佛教文明在東漢時傳入，在南北朝時代盛行。

印度文明和中華文明原本為完全不同、各自發展的文明。除了佛教單方面流入中國以外，這兩個文明圈並沒有太多的接觸及交流。其原因除了地政學之外，還有文明擴散力的問題。

中華文明的擴散力在唐朝時到達了巔峰,這點可以從目前的漢字文化圈及中華文化圈或儒教文化圈就可以看出。印度文明的佛教文化擴散遍及南亞、東南亞、東北亞、及中亞。

但是和中華文明一樣,其擴散力未及伊斯蘭文明圈。伊斯蘭文明雖然沒能征服中國,但是由於蒙兀兒帝國的興起,印度伊斯蘭化,因而誕生了孟加拉及巴基斯坦兩國。

本來,在地政學上,兩文明是不會發生衝突的。但是1950年中國軍事佔領西藏以後,兩國便處在短兵相接的情況。

1947年印度自英國獨立之後,面臨了巴基斯坦的獨立分離運動。1953年,周恩來對來訪的印度政府代表團提出了和平共處「互相尊重主權及領土完整、互不侵犯、互不干涉內政、平等互利、和平共處」的五項原則。但是沒多久,中國從背後突然進軍印度,發動了中印戰爭。這段中國人趁人之危的歷史,印度人當然刻骨銘心。

這還不夠,之後中國又趁克什米爾紛爭時趁機擴張領土,並且支援印度的共產黨革命。革命雖然沒有成功,在其後的印巴對立衝突中,中國一直支援巴基斯坦。

我曾經親耳聽印度的學者及政府官員說:「印度人絕對不會忘記中國人有多恐怖。」

2005年民主黨代表(相當於主席)前原誠司在訪美中,提到了中國的軍事威脅。針對前原在美國表示對中國的軍事力「感到威脅」,中國外交部發言人秦剛便立刻反駁:「中國

人民自古愛好和平。我們從來沒有侵略過別的國家，沒有在別國領土上殺人放火。」中國人真是會睜眼說瞎話，如先前所提到的中越戰爭、中印戰爭及進攻佔領西藏等侵略、屠殺的行為等等不勝枚舉。中國黑白講、趁火打劫的本性，自中印戰爭以來沒有半點改變。

最近由於國際戰略的考量，中國對印度開始「稱兄道弟」，並且企圖向世界製造兩國和平共存、友好的印象。

但是從兩國過去的歷史來看，世界最大的議會制民主國家和世界最大的無產階級獨裁國家要「哥倆好」，恐怕不如表面所看的如此單純。

俄國人打從心底不相信中國人

其實中國人最大的天敵不是日本，是俄羅斯，而且是「世仇」。

在國民黨政權下的台灣，小學時每天最常聽的口號就是「反共抗俄」。「抗俄」就是要對抗俄羅斯。那麼為什麼要「抗俄」呢？老師說：「俄國人是大魔頭，是中國人最大的敵人。」

蔣介石所寫（陶希聖代筆）的《蘇俄侵華史》是高中歷史課的副教材。裡面記滿了俄羅斯是如何從西亞、中亞、北亞鯨吞蠶食中國固有的領土。教官在黑板攤開地圖，嘴角冒泡地大罵：「俄國人都該死！」

中蘇蜜月期才沒多久，便開始交惡，最後反目成仇。當時台灣的輿論是：「這從頭到尾都是演戲，不能相信。」

中蘇論爭後的文革、以及中蘇國境紛爭所引起的珍寶島事件，使得中國的反蘇運動到達了巔峰。中國的反蘇抗俄運動，把蘇聯從「蘇修」罵到「社會主義帝國」，說得一文不值。結果不論國民黨政府或是共產黨政府的兩個中國都將「抗俄」定為國家政策。

比較一下中俄及日中關係，就可以發現就算「日本侵略中國」可以成立，那也只是過去式。現在中國對日本主張「自古以來神聖不可分割的領土」的，只有無人島的尖閣諸島，也就是釣魚台。

但是，中國對俄國主張的「絕對不可分割的領土」，則是西伯利亞。人民解放軍的少壯軍人認為，除了在1858年璦琿條約所喪失的烏蘇里江以東至海，俄國應該歸還中國整個西伯利亞才對；還有學者主張 Siberia 的語源來自「西伯」，所以可見西伯利亞是中國絕對不可分的固有領土。如果俄國目前還佔有中國的「固有領土」，那麼不就表示俄國正以現在進行式在侵略中國？就中國的主張來看，可以知道至少中國是想這樣主張。

但是雖然俄國「正在侵略」中國，但是中國仍然認為中國最大的敵人是日本。既然頭號敵人明確，不管是印度、越南、俄國，昨天的敵人都可以變成今天的朋友。不要說朋友，甚至可以變成「兄弟」。

中國就是這麼沒有節操的國家，現實又見利忘義的民

族。只要有需要，世仇也可以變親家。特別是中國外交部系統出版社所出版的書，無不稱中國的鄰國個個都是兄弟之邦，和中國都是同根、同祖、同種。就拿蒙古人來說好了，蒙古人怎麼會和中國人同祖呢？

的確俄國和中國有「稱兄道弟」的時代。但是「關係破裂」的時間更長。事實上，要中國人和俄國人「兄友弟恭」是幾乎不可能的。俄國人討厭中國人，中國人也不喜歡俄國人。

就俄國人的立場來看，中國人狡滑不能信任、忘恩負義又見風轉舵。俄國自清末便幫助中國抗日、打國共內戰、甚至還幫忙建國，可以說在政治、軍事、經濟各方面都大大地支援了中國。

但是，在緊要關頭，中國說翻臉就翻臉。由於現在中國視美日為最大的假想敵，所以需要俄國的支援，因此中國很有可能又要變臉。不過俄國人並不相信中國人，而且視中國人為背信之民。俄國各都市的中國人犯罪頻仍，也是俄國近來越來越嫌中的理由之一。

在非洲被視為不速之客

中國人歧視黑人，以前稱黑人叫「黑鬼子」，不論對方地位再高，反正黑人都是「黑鬼子」。對黑人露骨的歧視，過去曾經引發中國黑人留學生的示威抗議。

2005年美國國務卿萊斯訪問中國時，中國的網站充滿了「黑狗」、「黑靈」等歧視黑人的用語用詞，最後還上了英國的《衛報》，成為一時的話題。

另一方面，中國曾經為了要「世界革命」，而大力金援過親中的非洲國家。即使當時中國有很多人餓死，中國仍積極地實行這項國策，因此又被譏為「餓肚子金援」。

中國也曾經大量招收非洲留學生。但是改革開放之後，中國需要的是歐美日的資金及技術，自顧不暇，哪有餘力照顧非洲的留學生？更何況中國人本來就看不起非洲人。對勢利眼的中國人來說，只要沒什麼好處就是負擔。

一沒有利用價值，就立刻擺出要送客的態度，造成在中國的非洲人和中國人之間對立，並引起衝突。

但是最近中國人又重新發現了非洲的利用價值。只要有利用價值，不共戴天的仇人也能立刻成為山盟海誓的同志的才能稱為「中國人」。

「北京愛國、上海出國」，中國年輕人無時無刻地在等待出國的機會。因為他們心裡明白，在中國沒有未來，所以得想盡辦法出去。在這種心理之下，上海的女性看上了黑人：只要和黑人結婚，就等於有了出國的機會。其他的，可以等出了國之後才想辦法。

因此80年代嫁黑人蔚為風潮。到了非洲以後，再將全家接過來，就算盡了孝道。因此有非洲男性回到非洲沒多久，就陸陸續續來了一百多名中國親戚。譬如在南非，光是這十幾年之間，就有約20萬的中國人湧到非洲。

中國人到了非洲後，又開始找到美國或歐洲的機會。用這樣的方法出國，比花錢拜託蛇頭出國還便宜又安全，而且非洲的入境審查比歐洲、美國、日本寬鬆。對於想出國的中國人來說是非常理想的跳板。

過去，非洲的華人及華僑勢力薄弱。相反的，印僑則在政界及經濟界握有實力。中國社會主義後，為了對抗白人的殖民地勢力，積極地在金錢上支援非洲。特別是2001～04年之間，中國承諾投注200億美金金援非洲各國的開發計劃。

於是中國將生產過剩的東西傾銷到非洲，並且以提供兵器交換資源及能量。從前也曾派遣過鐵路建設隊，最近則是以萬人計的醫療隊及軍隊。特別是安哥拉、奈及利亞、蘇丹等產油國，中國更是「買武器送軍隊」地介入當地部族與部族之間的紛爭、屠殺及替獨裁政權執行壓迫人民的「服務」。

2006年6月11日，國際人權團體的「國際特赦組織」點名中國是世界上最大規模，最不負責的武器輸出國。並且指責中國販賣武器給蘇丹、尼泊爾、緬甸及南非等國，助長了這些國家的內亂並蹧踏人權。

中國的目的是幫助現任的政權，以確保必要的資源。中國現在一方面接受歐美的資金及技術的援助，甚至連一些基礎建設也靠外資幫忙興建，但是一方面又金、軍援有豐富天然能源的非洲國家，以支援其軍事、基礎建設做為對抗歐美的據點。

由於許多中國軍人、官僚、技術人員開始進出非洲，現

在非洲天然能源豐富的國家四處可以看到中國人，其影響力漸漸擴及政治。中國人不但出口武器到非洲，還附贈了五千年的貪污文化，中國藉此逐漸掌握了非洲的政治及經濟。

當然，非洲也漸漸開始反中及嫌中。始於蘇丹、安哥拉的「華禍」，正在全非洲蔓延。

南美洲謹防中國人犯罪

中國人寫的「華僑史」大概都說華僑多偉大多屬害、又多會賺錢，以致於在世界各地招人嫉妒，遭受到排斥及迫害。所謂的華僑，有出於自己的意願離鄉背井的，也有被蛇頭等人口販子騙到海外的。不論是哪一種，變成棄民的他們在異國都吃盡了苦頭。

華僑這一百年來在美國、加拿大、澳洲、紐西蘭飽受排斥。中國學者主張這一連串的「海外排華」和猶太人的被排斥有相同性。其實不然。

以色列自從亡於羅馬帝國之後，一直是亡國之民。但是華僑卻一直是「被出賣的黃色奴隸」，以及觸犯「海禁」放棄祖國的棄民。為什麼他們離開祖國之後，所到之處都討人厭呢？

中國學者就是不能自我反省這一點，而總是怪別人，都是別人不好。

中國有史以來，只要一發生飢荒及戰亂連連時，就會有

大量的難民及流民逃離中國。就算在21世紀的今天，從農村流入都市的農民便有2億。流民、流寇、流賊、盲流從來沒在中華帝國的歷史消失過。

不論流民最後流向何方，他們獨守自己的文化，跟老鄉自成一個社會，跟當地人衝突對立。這是中國流民的模式，中國的流民史也這樣記錄著。

最近中國興建三峽大霸，被強制遷離的居民，也和移住地當地的居民對立、衝突不斷。在都市，農民盲流和都市住民對立，也是都市治安惡化的一大原因。

即使在國內都會有這種無處可去的流民，徘徊街口尋求住處，在海外更是這樣。到了海外，許多中國人便在中國城生老病死。

秘魯的首都利馬在很短的期間內，便有3萬間路邊攤如雨後春筍般地冒了出來。福州蛇頭引進帶來的許多中國偷渡客，朝智利、巴西、阿根廷擴散。

由於每年有數十萬的中國人流入南北美，因此免不了與當地居民文化衝突及摩擦。文化衝突之下必有犯罪是社會學的鐵則。

中國人的犯罪十分獵奇而殘忍，動不動就滅門的事件層出不窮，連嬰兒、老人也難逃一劫。本來，巴西和阿根廷有很多台灣移民，其人數大約在3～5萬。但是近年來，由於中國移民的增加，台灣人被中國移民勒索恐嚇的事件層出不窮。成為中國人欺壓目標的台灣人只好離開當地前往北美，或者回台灣。現在阿根廷的台灣移民人數已經減至1萬人左

右。

　在日本的外國人犯罪也是以中國人爲首。根據2004年警察廳發表的數字，中國人佔外國人犯罪的4成。凡是有大量中國偷渡客的地方，凶殺案件就層出不窮。

歐洲也怕中國偷渡客

　拿破崙曾說：「中國醒了，全世界都要打哆嗦。」拿破崙在滑鐵盧之役吃了敗戰後，1816年被軟禁在聖赫勒拿島 (Saint Helena)。

　阿美士德（William Amherst）是英王使節團的團長。阿美士德由於拒絕向嘉慶帝行「三跪九叩」之禮，而被清國驅逐出境，在回國途中路過拿破崙被幽禁的聖赫勒拿島。阿美士德前去拜訪前法國皇帝拿破崙，並講述了自己在中國的經歷。

　拿破崙在聽了阿美士德的中國行之後說：「中國醒了，全世界都要打哆嗦。」之後卻傳成拿破崙說中國是「沈睡的獅子」。但是拿破崙絕對不可能說過中國是「沈睡的獅子」。

　不論如何，拿破崙主張的都是「中國威脅論」。因爲當時在拿破崙被流放的聖赫勒拿島也已經有中國的流民出沒。

　大航海時代，白人將殖民地從新大陸拓展到海洋諸島，並且做爲奴隸貿易的據點。當時盛行奴隸貿易。由於黑人奴隸的供不應求，於是便又在中國開始了黃色奴隸的買賣。也

就是所謂的「苦力貿易」及「豬仔貿易」。

18～20世紀之間，被買賣的黃色奴隸人數，據估算約有600～700萬人。買賣黃色奴隸的又被稱為「豬仔頭」，也就是今天的蛇頭。

聞名世界臭名昭彰的蛇頭，並不是在中國改革開放後才冒出來的「新興行業」。早在大航海的時代，便暗中活躍在世界各地。奴隸販賣在中國也有「悠久」的歷史。近年來，除了販賣人口以外，也增加了走私毒品的「副業」。其多元多角的經營，使得中國黑社會已經成為中國最大的國際性企業。

從中世便活躍於社會底層的蛇頭集團，至今仍然存在的原因，不外是因為中國社會在本質上並沒有改變。實際上，到今天，蛇頭仍每年帶著約一百萬的國際盲流在黑夜奔離中國，向世界各地流竄。

國際盲流並不限於無學的文盲，當中也有高級知識份子，及共產黨的高級幹部。當然其中也有人在異地成功發財一圓美夢，但是有更多人墮落成搶劫、凶殺案的主角。

自18世紀以來，歐洲就苦於應付這些盲流。如拿破崙故鄉的科西嘉島或愛爾蘭，不論多窮鄉僻壤，都有以數萬計的中國人源源不絕地湧入。大航海時代歐洲人積極地向海外移民，可是這10數年來，不論大都會或鄉村小鎮都突然湧進了大批大批的中國人。

譬如光是北歐的瑞典這幾年便冒出了1萬多家的中華餐館。瑞典增加了多少中國人可想而知。當然也有以合法程序

入境瑞典的中國人，但是大部份都是偷渡犯。而且中國人一旦住下來後，不多久一大家族的親親戚戚就會以依親的名義跟著過來。要不了多久，人數便增加了好幾倍。

中國人增加的地方，貪污、殺人、強盜事件也會增加。丹麥就發生了入境局的賄賂事件。

本來德國也十分積極地推動歐盟和中國締結ADS（Approval Destination Status）條約，但才放寬中國人來歐洲觀光的限制，便立刻有成批的中國人蜂擁而至，一旦入境便非法居留。比利時跟義大利還發生過一團300人的旅行團，憑空消失150人的例子。現在全歐洲對中國移民帶來的華禍都感到十分地恐懼。

中國偽造假護照的事件也層出不窮，要不跳機、要不從旅行團落跑，非法居留的中國人在當地又偷又搶。德國開放觀光的結果是非法居留的中國人一口氣竄昇了30％。於是，2005年7月，德國及歐洲又只好對中國實行更嚴格的入境限制。

在東歐共產主義垮台之前，中國和東歐本來是兄弟之邦，也是思想上離中國最近的國家。但是共產體制垮台後，中國變成社會主義怪物的化石，令一般民眾感到敬而遠之。

中國人則視東歐為轉進西歐的中繼站。在社會主義垮台以後，便毫無顧忌地放肆起來。

隨著中國人的大量流入，和中國黑社會有關的犯罪如中國妓女、毒販、殺人詐欺等等也跟著增加。東歐人也漸漸感到「中國人很恐怖」，而這種恐怖感在正在歐洲各地擴散

中。

台灣人也討厭中國人

到1980年代為止，中國的知識份子都還稱在台灣的中國人是「被中國掃地出門的垃圾」。80年代，中國知識份子所寫的論文，或者在著作中都不會忘記加上這一句。他們還稱自己也是逃去台灣的中國人的受害人。因為在台灣的這批中國人就是因為當年在中國時胡作非為，最後才落得和蔣介石一起被趕出中國。

但是，近來又改變了說法：誇稱在台灣的中國人是愛國主義者，不但保衛台灣免受美帝及日本軍國主義侵略，並且保護了中國神聖不可分的領土。這又是典型中國式牆頭草的說法。只要符合中國目前的利益，敵人可以變成朋友，昨是今非，黑的可以講成白的，臉也不會紅。

但是，如果就台灣人來看，台灣的中國人和中國的中國人，都是中國人，是一樣劣根性的一丘之貉。台灣俚語說「牛牽到北京還是牛」。

台灣人的中國觀絕不情緒化，反而可以說十分冷靜。這當然是因為台灣人長久以來接受蔣介石父子的統治，歷經了1947年中國人大量屠殺台灣人的228事件，也經驗了將近40年的白色恐怖統治。

在中國人的長期支配下，台灣人的中國觀已經趨於成

熟。台灣人歷經日本人的統治及中國人的統治，也親身地比較過兩國的國民性，造就了台灣人十分獨特的中國人觀。

這和學者在書桌前研究出來的理論，或和「客觀的」「學術的」學說和假說完全不一樣，是台灣人以實際的體驗得來的比較文化觀，如果沒有以那麼長的時間來親身體驗，恐怕也無法得出這樣的價值觀。換句話說這是台灣人才有的民族觀。

台灣人的這種清晰而明澈的中國人觀，至今仍是我學習的對象。

譬如，略我年長、在60年代初期留學美國的台美人張繼昭，在其著作《台灣號的難航》（2005年10月刊）這樣說：「中國人是個充滿怨恨的無法集團，利己，視信義、道德、法律為無物，胡作非為。」張繼昭也批評中國暴虐無比的皇帝思想，並指「他們沒有人性及社會道德」。

中國人是「政治至上」的獨善主義者。每當讀到這種有關比較中國和日本民族性的文章，就悲從中來。台灣一直被外人統治支配，到今天還無法得到完全的自由。

話說回來，甘火文氏曾經寫過《日本精神與支那人根性》（三文印書館，2003年刊），分析了台灣人對日中國民性的看法。

作者甘火文曾經是日本陸軍軍醫。其內容令我驚訝，因為書中徹底分析了「日本精神」及其對照的「支那本性」。而其描述，正是我學生時代對這兩個民族的印象。

這本書厚達370頁。洋洋灑灑的從日常生活、官司訴

訟、政治、社會等各層面來比較日本精神及支那人根性。甘火文氏並且擔心台灣社會漸漸喪失日本精神，而被中國性格所污染。

在這裡稍微介紹一下甘氏的著作中如何描述日本精神及中國性格。

有趣的是甘火文這樣分析，萬世一系的天皇制是日本精神的根源，而易姓革命的改朝換代則是造成中國人性格的原因。

甘氏這樣說明：易姓革命使得中國社會戰亂不停，為了要在這種過度激烈的生存競爭下求生，因此造就了中國人不用良心和良知的「生存哲學」。

甘氏的年齡不詳，但是以他在戰前就擔任日本陸軍軍醫來看，大概有80歲的高齡。這本可以說是甘氏的自傳，也是他的親身體驗及經歷。

西藏、維吾爾、蒙古等「夷狄」恨中國入骨

中國在第二次世界大戰可以說是賺到了。不論是戰勝國的英美法荷，或者敗戰國的日德，都在戰後放棄殖民地，失去領土。只有中國在戰後成功地擴大了領土。

中國在戰後獲得的領土有西藏、新疆、滿蒙及周邊地區。由於中國併吞這些地區，使得中國的領土比傳統的版圖暴增了三倍。蘇聯雖然也擴大了領土，但是之後共產主義垮台，現在又恢復到原來的版圖。

在這裡要再強調一次，中國領土的擴大是戰後的事情。雖然中國一直稱西藏、新疆、滿蒙等地是中國自古以來不可分割的神聖領土，但是這些其實都是為了配合中國的方便才出現的說法，反正中國的講法隨時可以依照需要改一改。其實中國歷代王朝的主張，都是順應時代潮流，看情形、看方便。

宋朝遼國相爭時，中國主張的「固有領土」是「燕雲十六州」。當時有誰會想到21世紀的中國會主張西藏、新疆是中國「自古以來不可分的領土」？

西藏、新疆、滿蒙都曾和中國有過戰爭、敵對的歷史，反而沒有「絕對不可分」的歷史。如果曾經對峙打戰過，便是絕對不可分的歷史的話，那麼，曾經發生過兩次日中戰爭的日本不也是中國絕對不可分的領土嗎？問題就是，中國人就吃這一套。

中華人民共和國成立以來，根據共產主義的思想，將所有的宗教視為人民的「鴉片」。到今天為止仍是這樣，法輪功就是最好的例子。其中對西藏佛教徒、新疆回教徒的迫害更是令人髮指。

譬如，西藏在中國軍事佔領之下的文化大革命，寺院古剎被紅衛兵一間一間地破壞。胡錦濤擔任西藏自治區書記時

（1989～92），在西藏實施軍事鎮壓及屠殺，還點名譴責西藏流亡政府的達賴喇嘛。

中國在西藏的胡作非為又被稱為「文化大殺戮」，解放軍在西藏任意拘捕比丘尼，加以嚴拷、酷刑折磨、強暴尼僧，軍隊進駐僧院等等喪盡天良的行為，已經多次被歐洲、美國的議會譴責，但是中國完全置之不理，未曾有任何的改善。先進國中只有日本的參眾兩院對西藏的慘狀悶不吭聲。

不論中國如何迫害人權、破壞文明，甚至干涉日本國內宗教的靖國神社，日本的國會卻一貫保持沈默。日本的國會議員諸公們到底在想什麼？

中國軍事佔領西藏以來，用盡方法抹殺西藏文化。西藏被破壞的寺院、文化遺產超過6000間以上，超過120萬西藏人被屠殺。西藏女性被強制結紮及墮胎，以進行種族的抹消。最後又以舖設鐵路的名義，強制漢人大量移民西藏。西藏人面對不是被滅種就是被乞丐趕廟公的命運。

中國迫害宗教，並不限於佛教，還有新疆自治區的回教。以回教徒為目標，滅絕回教徒為目的「洗回」，自19世紀的回亂之後，便沒有中斷過，近年來更是強化殲滅伊斯蘭文化的政策。

文化大革命時，伊斯蘭教的寺院被有系統的消滅及關閉。宗教領袖被處刑或者入獄。到了90年代，洗回的運動越來越激烈：不准修建回教寺院、禁止宗教教育、禁說民族語的母語、禁止在寺院以外的地方傳教、放逐宗教家不准擔任公職、燒毀經書、50歲以下不准去麥加巡禮、強制漢化、逮

捕反體制的運動家。

　　滿州族在亡國以後，已經面臨亡種的危機，滿州語已經滅絕。內蒙古的蒙古人被強制漢化，現在每四個蒙古人只有一個會說蒙古話。

　　中國以抹消語言及文化來撲滅少數民族，再大量移民漢人，漢化自治區。目前內蒙古的蒙古人數不到漢人的十分之一，這是中國政府的國策。

　　中國內部的文化摩擦及文明衝突使得民族之間嚴重對立，嫌中、反中情感高揚。孤立無援的少數民族只能等著被亡族滅種。特別是在維吾爾的自治區，中國「嚴打」「分離主義運動」，並且實施核子實驗及生化兵器，使得不明的怪病到處蔓延，使其目前正面臨空前的生存危機。

第二章

自我本位的中國人

傲慢的中國人

中國歷史久遠，中國人也以自己國家歷史悠久而自豪。

日本的地理由北往南可以大略分爲：北海道、東北地方、關東地方、中部地方、近畿地方、中國地方、四國地方、九州地方、琉球島諸島。其中「中國地方」包括「鳥取縣、島根縣、岡山縣、廣島縣、山口縣」等五縣。日本自平安時代（10世紀）便使用這個名詞，由於此地方相當於「延喜式」（日本律令的施行細則）中「近國」、「中國」、「遠國」的「中國」，因此而得名，是日本在其獨自歷史中所孕育出來的地名，當地有中國山脈、中國新聞、中國銀行、及中國電力等等。但是中國政府卻認爲「中國」這兩個字只有中國才能用，其他國家不能用，因此70年代時向日本外務省要求日本的「中國銀行」改名。

意思是「中國」就是「中國」，日本的「中國」是冒牌貨。中國的這種要求，其實只是之後「教科書問題」、「靖國問題」的序幕開場白而已。

戰後，中國便開始干涉日本的用詞用語。譬如要求日本將「支那」改成「中國」，並透過GHQ（聯軍總司令部）向日本全國下令通達。

原本就是因爲中國人稱自己是「支那」，所以日本才這樣稱中國，現在不但要全面禁止，並且還得全面更改。使

得當時日本的知識份子對這個通達令感到莫名其妙而不知所措。

譬如，近代中國維新派領袖梁啓超的筆名是「支那少年」，但是卻得改成「中國少年」。還有革命領袖宋教仁創辦的雜誌《二十世紀之支那》也得改成《二十世紀之中國》。

其他還有秋瑾的詩《支那第一女》、柳亞子的《支那兩列寧》都得改成「中國」。這使得學歷史及作學問的人非常地傷腦筋。因為就文化及歷史而言，「中國」和「支那」的意思有點不同，是無法用政治的判斷加以全盤變更的。

譬如「中國」一詞，就可以因為時代而其所指的範圍便有很大的不同，非常曖昧。以長遠的歷史來看，的確，中國的國土有擴張的傾向，但是其版圖同時也因為朝代的不同而一進一退，恐怕誰也沒有辦法明確地定義出「中國」的範圍。或許「中華世界」比較能說明「中國」的空間概念，但是「中華世界」仍然是十分模糊而不明確的空間概念。

在古代中國，「中國」指的是「京師」。在古代的青銅器「何尊」上的青銅銘文，或者《詩經》大雅篇裡提到的「中國」大都是指這樣的意思。之後《荀子》的王制篇中則指的是京畿或者近畿。

根據王國敏的《中國名稱及其近代注釋》，中華帝國的古典中，「中國」總共出現過172次，但是其意義及範圍都沒有超出「王城」及「中原」。

漢代，「中國」指的是中原，黃河流域的中、下流域。

長江流域原來不是「中國」，而是「荊蠻」。三國時代，不論在長江上游的蜀國，或是在下游的吳國，都不是當時的「中國」。

六朝時代，長江以南也不是中國。到了宋、明，中國18省才總算被稱爲「中土」或「中國」。

就世界史來看，像中國人這麼喜歡擴張領土而且陶醉其中的民族可以說是絕無僅有。但是這個志向並不是最近才開始，「自古以來」、「天下莫非王土」的王土王民思想，已經深深記錄在中國人的DNA中。

荒誕無稽的中原思想

中華文明起源於黃河流域的中下流。黃河流域的中下游又稱中原，或者中土，意指「天下的中心」或者「世界的中心」。這樣的思想並不限於中華文明，古代的帝國大都有自國的首都就是世界中心的幻想。

譬如印加帝國的首都庫斯科就是「肚臍」的意思。問題是，世界古代帝國和中華帝國不同的地方在於：能不能放棄這樣的思想。中華帝國以外的古代帝國早就放棄了這種幻想，唯獨中國現在仍然相信自己是世界的中心。

但是不論中國怎樣自認或吹牛自己是世界的中心，對現在的國際社會來說，頂多是一則不好笑的笑話。與其說是中心，不如說是世界的負擔。長久以來，中國不曾自己動手掀

開竹簾往外望，所以一直沒有發現中國其實是世界的邊境。

過去，文革時代的中國有一首歌叫〈毛主席——億萬人心中的紅太陽〉。當時的毛澤東是「世界革命的帶路人」，也是「茫茫革命海洋的燈塔」，又說「毛澤東親手哺育的中國共產黨是世界革命的火車頭」，「社會主義中國是世界革命的根據地」。簡單地說，中國是世界革命的中心、軍事的中心、思想的中心，也是革命的領航者。

這種世界中心思想也可以在天安門廣場上，巨大毛澤東畫像旁的對聯看出來：「世界人民團結萬歲」、「共產主義勝利萬歲」。

但是世界人民和毛澤東到底有什麼關係呢？好吧，就算毛澤東是馬克思・列寧主義的最高峰，那麼就表示毛澤東也是世界人民的太陽、世界革命、解放人類的燈塔嗎？

這種中國人特有、以自我為中心的「中華」、「中土」思想到底是怎樣形成的？怎樣會有這種獨特的世界觀及天下觀呢？

古代中國的宇宙觀及世界觀，和現代的天體物理學沒有關係，「天圓地方」是中國的宇宙觀，中國沒有出現類似希臘人視地球為圓球體的概念。對古代中國人來說，所謂的「圓」是「圓形」，而非「圓球體」。

《尚書》的〈禹貢篇〉的「王服說」可以代表古代中國的天下觀。另外有關古代中國地理觀及宇宙觀的書籍，較有名的是據說寫於戰國時代的《山海經》。這是中國最早的地理誌，也可以說是結合當時中國人的地理知識及幻想的代表

作。

將《山海經》理論化的是前漢時代的《淮南子》的「地形訓」。古代中國人稱自己為「華夏之民」，其居住空間稱為「九州」（為冀州、兗州、青州、徐州、揚州、荊州、豫州、梁州、雍州）或「九畿」，也是天下的中心。

「九州之大，純方千里。九州之外，乃有八殥……八殥之外，而有八紘……八紘之外，乃有八極。」又認為八極有八木之桂，因此而發展出天圓地方的宇宙觀。

戰國時代的陰陽家鄒衍，也說中國是天下的中心，是「赤縣神州」。孟子也認為中國人的中國就是天下。到此，中國人的天下觀已經發展到了極限，也說明中國人的想像力僅到此為止，其後二千年來都沒有超過這個範圍。

「中」是中國人僅有的方向感

一般來說所謂的「方向」，指的是「東西南北」。但是中國人在意的是自己是不是在「中心」。在心理上，中國人也以為世界繞著自己轉，有著「以自己為中心」的性格。

「中」是非常曖昧的「位置」，是「東南西北」的中間位置，是所有事物的中心。中國人不論在「方向感」、或文化及思考樣式都非常地類似：「中國人以站在所有事物的中心為前提，以自己為中心，區分前後左右、東南西北。」

中國的地名便是其例。譬如以世界地理名詞來看，分成

「東洋」及「西洋」。雖然也有人稱從中亞到印度的區域為「中洋」，但是除了一部份的學者以外，很少人用。

譬如對日本人來說，「西洋」指的是歐洲，或者擴大解釋為「歐美地區」。「東洋」意思是指包括中國及朝鮮的東亞，有時也包括印度。譬如所謂的東洋思想就包括印度的佛教思想。

但是對中國人來說，「東洋」指的就是日本，「西洋」是歐美。中國既不是「東洋」，當然也不是「西洋」，而是位在「東洋」與「西洋」的中心。這也是從前稱日本為「東夷」的理由之一。

在總括歷史時間與空間概念時，日本人說「古今東西」，中國人則說是「古今中外」。從這點可以很明顯地看出中國人以自國為中心的同心圓思考模式，也可以看出日本人和中國人不同。

中國以自我為中心的思考模式，也可從中國把「滿州」改成「東北」看出來。中國人說「滿州」是日本侵略中國時自己編的地名，並且主張中國自古以來沒有這樣的地名，所以將「滿州」改成「東北」。

但是為什麼叫「東北」，很顯然地，是因為從中心來看是在「東北」的方向，所以叫東北。對中國人來說，最重要的是先確認中心及周邊的相對位置關係。中國人得先確定中心在哪裡，才能確立他們的自我認同。

日本的中國專家，也跟隨呼應中國的主張，並且將其散佈在日本國內，結果「滿州」一詞在日本也變成了禁忌。

但是中國的主張並不是真的。江戶時代，日本就有滿州研究，並且獨步世界，以前瀋陽還有「中國共產黨滿州省委員會」。即使這樣，中國還是主張滿州是日本人取的地名。

不論如何，中國不僅將「滿州」改成「東北」，還有「東海」、「南海」等等都是一樣的表現。

中國的天下中心觀不但表現在地理及方位，也表現在思想上。譬如「陰陽五行」說的是中國人的宇宙原理論，說的是宇宙的運行及變化都和金木水火土等五種基本物的排列及配置有關。

五行與方位，顏色也有關係。譬如「木」代表「東」、「火」代表「南」、「金」代表「西」、「北」代表「水」，「中央」是「土」。以顏色來看，「東」是「青」，「南」是「紅」，「西」是「白」，「北」是「黑」，「中央」是「黃」。因此黃色成為代表皇帝最尊貴的顏色。

換言之，「陰陽五行說」將中國人放在世界中心。就西洋人看來，深信自己是世界中心的中國人真是再可笑不過。但是中國人反而嘲笑不懂「陰陽五行」的外國人是不明白深奧的中華文化。實際上，以中國為天下中心的宇宙論，充其量只是中國人自大而荒唐的幻想。

中國人只有一種方向感，那就是「中央」。什麼事都要以自己中心，以自己的方便為方便，因此中國人紛爭不斷。這點可以從中國內訌、內戰不斷的歷史得到印證。

幻想統一世界的中國人

　　中國人除了喜歡「中」以外，還喜歡「一」。中國人認為森羅萬象的宇宙都是從「一」起頭。「一」生「二」，「二」生萬物。因此中國人又認為天下「回歸」到「一」的「天下統一」是最高的理想境界，也就是「極權主義」的「大一統」主義。

　　不論其政治理念是左派或者右翼，基本上只要是中國人都喜歡統一，並且希望「中國統一」。換句話說，不希望「中國統一」的就不是中國人，要不就是「數典忘祖」的「分離主義份子」。

　　中國人一般都視分離主義者為「叛徒」。雖然西藏人、維吾爾人、蒙古人等文化、語言、宗教都和漢人不一樣，中國也不管人家要不要、想不想，一面以暴力實施同化政策，一面指不想和中國人同化的為地方分離主義。中國想要以同化政策來排除分離主義者。最近更說鎮壓維吾爾地區的獨立運動是「反恐」。以「反恐」當作迫害人權的尚方寶劍，更加肆無忌憚、為所欲為。台灣也是這樣，中國在2005年3月制定的「反國家分裂法」，也是企圖以武力阻止台灣的獨立。

　　只要是中國人都難逃這種近乎病態的「統一思想」。其特徵是：歸納的、歸一的、總括的、還元的、一元的。而且

往往由於過度的單純化、歸一化、普遍化、絕對化而變成一種「原理」或者「宗教」，也可以稱之爲「中國教」。

由於統一思想總是摻雜著「倫理」（價值、是非）與「論理」（眞僞），因此「統一論」在不知不覺當中變成「道德論」，變成「歷史的使命」及「民族的大義」。

由於中國人搞不清楚「倫理」和「論理」，其思考模式又常常以「倫理」做爲前提。基本上，中國人不知道何爲「論理」，可以說絲毫沒有邏輯的概念，因此他們的主張大都支離破碎。這也是他們在世界上討人厭的原因：沒有邏輯，說不出個所以然，卻又不准別人質疑。

統一思想的價值觀就是「定於一」、「歸於一」、「萬衆一心」、「一心一意」，並且認爲極權主義國家才是國家最完美的理想。過去中華帝國時代的「一君萬民」是這樣，到了20世紀不論是左派的極權主義還是右派的極權主義，所有的政治思想都沒有逃出統一主義的範圍。

現在中國社會的構圖像是：「一隻掌握黨、政、軍的女王蜂，與13億爲女王賣命的工蜂社會。」中國的統一主義思想，造成了這樣獨特的社會結構。

在中國，「統一」是不容懷疑的絕對信仰。「分離主義」是背教的「叛徒」。對於叛徒，人人得而誅之。

對中國人來說「統一」是神的「啓示」，換作中國的政治語言就是「民族的大義」、「歷史的使命」。

「一個中國」的範圍及定義由中國人決定。當中國人認爲某個周邊的民族及國家如：台灣、西藏是「一個中國」的

固有領土時，只要一聲令下，反對的人立刻被中國冠上「分離主義」、「數典忘祖的獨立份子」。中國之任性胡爲，連當其鄰居都跟著倒楣。

自我本位的中國人

　　我對「風土論」略有涉獵。「風土論」認爲國民性格和國家風土有關，和辻哲郎是論述「風土論」的代表人物。

　　雖然「風土論」受到了很多批評。但是我認爲，風土論並非完全偏見與獨斷，而有其一套道理。

　　不容否定的是，人的性格形成的確受到風土環境的影響。在國際化及資訊發達的現代社會中，風土對社會形成的影響力可能日漸式微，但是島國與大陸國家的國民性格不同也是事實。

　　光日本國內也因爲地區風土的不同，而有氣質不同的長州、薩摩、浪速、江戶子等等之分。但是整體來說，日本發展出「以和爲貴」的文化，又自稱「大和」。因此太自我中心的個性，很難融入日本的社會，或在日本生存。換句話說，外國人如果想融入日本的風土，就得學會如何協調及體貼。

　　反過來說，如果要在中國生存就得自私，並且得不停地自我主張。這是中國風土、歷史所培育出來的氣質。孫文曾以「一盤散砂」來形容中國人的性格，這個形容實在說的很

妙。

　中國是個「人不爲己天誅地滅」的社會，在中國「禮讓」是種愚行。萬一哪一天，中國人突然禮讓了起來，搞不好反而會造成社會大亂。在中國就是講話要大聲，主張要強烈，絕不退讓。

　老替別人想，結果是自己一直吃虧。日本人大概無法在這樣的社會生存。日本人大多受不了中國人只爲自己、死不認錯的個性。我看過很多到中國的日本人，最後都被中國人弄到神經衰弱。

　視體貼爲美德的日本人要在中國人社會中活下去並不容易，通常都落得被騙、被整、被耍，最後連骨髓也被搾乾、用了就丟的命運。

　這種人人以自我爲中心的社會，到最後就只能硬碰硬，以物理的力量來解決問題，換句話說就是以比拳頭的暴力來一決勝負。這也是中國史上內訌、內戰、內紛特別多的原因。

　但是，中國人若拳頭比輸，就會屈服成爲奴隸。對主人徹底順從，對強者奉承迎合，中國人稱之爲「奴顏婢膝」。

　這也是中國人之所以需要獨裁者的原因：以自我爲中心貪圖私利私欲的中國人無法和旁人建立平等友好的關係，只能靠阿諛奉承獨裁者，利用與獨裁者的關係爭奪有限的權力。反過來說，獨裁者以暴力治理國家，並且使人民屈服在其暴力底下，再將利益分配給向自己高喊萬歲的人。只要中國人的這種氣質及性格不改，中國的社會構造也很難有所改

變。

　　過去，以江澤民為首的中國共產黨領導階層內鬥。最後，好不容易大家同意並且約定到70歲就得退休。但是沒想到江澤民過了70歲以後，仍然咬著權位不放，原來所謂的70歲云云只是逼政敵下台的藉口。共產黨的許多規矩就是管不到最高領導的當權者，最後一定是「我例外」、「沒有我不行」，所以只好繼續領導下去。好不容易2002年11月，也就是江澤民76歲的時候，才總算辭掉總書記，辭去黨中央委員會主席時已經78歲。

　　這就是中國人以自我為中心，自己的方便為方便的最佳範例。

日本人的世界觀

　　當然自私又自以為是的人全世界到處都有，即使以謙虛有禮聞名的日本也當然有自私又自我的人。但是中國除了少數的特例以外，絕大部份的人都很自私。尤其愛睜眼說瞎話的人特別多，我甚至還遇過臉不紅氣不喘地主張日本也是中國一部分的學者。

　　日本《古書紀》的上卷記載了開天闢地的創世及日本的誕生。「伊邪那岐神」與「伊邪那美神」生下了「大八島」，也就是現今的日本列島。因此江戶時代的國學者平田篤胤主張從天神直接誕生的日本才是世界的中心，是「大地

的元本」。

另一方面，江戶時代的儒學者也有「中國、夷狄」之爭。國粹主義立場的山崎闇齋提出「日本是中國論」。「日本是中國論」是爲了反駁「日本夷狄論」。師事闇齋的淺見絅齋主張，應該要稱中國及其他異國爲「夷狄」，並且痛批尊崇中國的佐藤直方派。這些論爭記載在《靖獻遺言》、《答是亦部良賢問目》、《中國弁》等等。

實際上，日本的江戶時代，中國被滿州人支配佔領，也就是所謂的「華夷逆轉」的時代。

不只日本的儒學者、國學者，韓國的朱子學者也認爲：既然中國已經變成夷狄之邦，正是「小中華」應該站出來繼承「中華」之時。江戶初期以兵法學者知名的日本儒學家山鹿素行，也在《中朝事實》中寫道，清國已經變成夷狄之邦，日本才是「中央之國」，「中朝」意味：「日本才是中國。」

水戶藩士的會澤正志齋也在《新論》中，提倡神州日本才是「大地的元首、萬國的本營」。這些在江戶時代流行的論調，無非是要說明是中國不是天下唯一的中心，並不是所謂的「中國中心主義」（Sino Centrism）。

戰後日本常被批評的「八紘一宇」思想，絕非自國中心思想，而是「人類皆兄弟」的「天下一家」思想。古代希臘馬其頓王朝的亞歷山大大帝也曾有相同世界主義的思想。

大部份的日本人都不認爲「日本也是中國」，更不可能透過外交要求其他國家「禁止使用中國的地名」。日本人的

國家觀世界觀是相對而多元的。自以爲是天下中心的概念，不但是例外，而且是少數。所謂的「中國論爭」通常都是在「反命題」的情形中出現。

譬如，古代日本人的宇宙觀及世界觀，或國家觀有三次元：天上的「高天原」、地上的「葦原中之國」、及地下的「黃泉國」或地底海裡的「根之國」。也有「日出之國 vs. 日落之國」對極的世界觀，還有「日本、震旦、天竺」三極的世界觀，再加上「南蠻」的四極世界觀爲最普遍。不管怎麼說就是沒有日本是天下中心的世界觀。

更何況，以自我爲中心的人不見容於日本這個社會。

是「人人爲我」不是「我爲人人」

我高中的時候的國文老師（外省人）的口頭禪是：「人不爲己，天誅地滅。」換句話說，人活著如果不自私不利己，是會惹神生氣遭到天譴。這只是拐個彎來強調利己主義的正當性。這種利己主張，在古代中國也可以看得到。

據說戰國時代的楊朱曾經說過：「拔一毛以利天下不爲也。」這樣的想法不但立刻爲大眾所接受，還被廣爲流傳，成爲中國的千古名言。之後墨子主張博愛（兼愛），使得孟子好幾次感嘆說：「天下之言，不歸楊，則歸墨。」又說：「逃墨必歸於楊，逃楊必歸於儒。」也就是說，孟子認爲「楊近墨遠」，換句話說，利己主義比較接近儒家的思想。

俄國的文豪托爾斯泰曾經盛讚墨子的思想。的確博愛主義聽起來是很偉大，但是要成爲博愛主義者卻非常地困難。特別是對中國人來說，更是難上加難。

中國人的常識是「自己＞家＞國」。從國家這兩個字也可以看出，中國人基本上認爲「國」是「家」的延長。中國人也常說「家天下」，也就是「天下一家」，實際上就是「一己」，天下就是自己的。

大部份的中國人把黨益看得比國益還重，而比黨益還高的，當然是「私益」。中國人是現實而功利的民族，也是沒有宗教心的世俗民族，能相信的只有自己。因此追根究底，中國人的心理就是「天下老子最大」。

與其讓企業或國家成長強大，不如自己成長強大。中國人工作時只考慮自己的方便，拿多少錢只做多少事。因此對外國、他人沒半點興趣，只想獨善其身，缺乏協調性。許多企業到了中國以後才發現中國人這樣的特性，而深受其害。

中國人獨善其身的例子不勝枚舉。

譬如，過去台灣媒體大幅報導了台灣民眾樂捐給中國水災的錢，最後消失在中國官僚的口袋裡。對中國的官員來說，連救命的錢都可以貪。

2002年夏天，湖南發生水害，北京閣僚級的幹部600人總共捐了8萬2500元人民幣。但是北京一家企業的老闆，一個人也捐了同樣的數字。

爲了改建倒毀的小學，香港電視台的老闆捐了3300萬元，北京200萬黨員，只捐了500萬元，平均一人只捐了2

元。

　　不只這樣，全國6600萬黨員，每6人只有1人有付黨費。據說江澤民大罵：「怎麼跟人民說明？真是不要臉。」

　　中國政府為了要掌控這麼多自私自利的人，於是對國民從小學就開始實施愛國教育。不然，國民只為自己的國家有未來可言嗎？

　　戰後，大批的中國人隨著蔣介石的國民黨軍來到台灣。228之後將駐在台灣的20萬日本軍，及40萬日本人趕出台灣。台灣人親身體驗到了日本人和中國人的不同。

　　經歷日本時代及國民黨時代的台灣老一輩，最常指出中國人和日本人最大的不同在於：中國人是幾乎冷血的「利己主義」，而日本人則是「滅私奉公」。

　　中國人逃難來到台灣以後，佔據了所有的公家機關，沒一會兒，又利用裙帶關係，介紹自己的親親戚戚獨佔利權。20世紀中，中國的文盲高達80％以上，不知道何謂近代化的中國人來到台灣，意圖統治台灣，使得台灣的社會機能崩潰。

　　當時台灣人的生活水準遠遠高於中國人。來到台灣的中國人不但不知道水龍頭的用法，偷了腳踏車卻不會騎，令當時的台灣人目瞪口呆。無知又蠻橫的中國，和近代化的台灣發生了文明衝突及文化摩擦。大約3萬多的台灣菁英在1947年2月28日慘遭國民黨軍隊屠殺。

　　中國自孔子時代以來便說：「天下為公。」中華人民共和國也說要：「為人民服務。」但是這些話卻像山裡的回聲

一樣地飄渺空虛。

中國共產黨幹部貪污腐敗，每年數千名的高級幹部帶著國家財產逃亡海外。現在中國是全世界最有名的貪污大國。

跌入萬丈深淵的香港狄斯耐樂園

這裡要介紹一下中國人的實例。

我因為工作的關係常常光顧幾家飯店。有時，經理會好心地告訴我：「今天有『那裡』的客人，所以請儘早用餐。」「那裡」的客人，就是中國來的觀光團體。

因為「那裡」的客人談不上任何用餐禮節或常識，吃完飯後有如颱風過境，用餐後的餐廳又髒又亂。

中國人目前仍然無法自由地出國旅行，因此能來日本旅行的客人，在中國都絕非泛泛之輩，應該都是有相當地位的高幹或暴發戶及其家人。

但是所表現出來的水準令人咋舌。

和中國人一起坐飛機也是一大慘事。飛機還沒停好，就急著打開頭上的行李箱，爭先恐後地衝到出口，空服員怎麼制止都沒有用。看他們宛如逃命般向出口飛奔而去的樣子，好像在看災難電影。

這是一位台灣議員告訴我的親身體驗談：有一次在飛機上一個中國人不聽空服員的制止，高聲講電話，於是這位議員便大聲地向中國人說明在飛機上講電話的危險，周圍其他

的中國人在明白自己可能遭遇的危險後，便站了起來，二話不說將那位講電話的中國人揍了一頓。眞不愧是議員，非常了解群眾的心理。

一旦人多時，中國人就很難控制自己。特別是在公車、電梯等密閉空間，很容易發生爭吵。在人多的車站、月台，人人互不相讓，擠死人、氣死人，都是眞有其事。如果中國有像每天有一百萬人次使用的新宿、池袋車站的話，恐怕得出動人民解放軍才能維持秩序。

我去過大阪萬國博覽會、神戶的「Kobe Portopia Land」、東京的狄斯耐，及其他許多日本的博覽會及主題樂園。當中遊客，我覺得最沒規矩的便是香港人：不排隊又喜歡插隊。

但是2005年9月開幕的香港狄斯耐樂園的遊客水準成爲國際新聞，中國人的沒規矩讓香港人嚇了一跳。

本來，香港人就被批評不會排隊，但是讓香港人自嘆不如的是深圳來的中國觀光客。狄斯耐樂園所講究的夢幻氣氛完全被中國觀光客破壞殆盡，並且成爲世界各地新聞的笑柄。

中國客隨地大小便、小朋友光著屁股在園內到處跑。由於天氣嚴熱，商店擠滿了吹冷氣不消費的客人。還有因爲太熱，乾脆打赤膊的男性遊客、脫了鞋子大剌剌地躺在椅子上午睡的客人。

更有蹲在路邊聊天，也不管是不是禁煙區便抽起煙，抽了煙，煙屁股又亂扔。當然少不了中國國粹的隨地吐痰。最

後到晚上的壓軸看煙火秀時，又爲了爭奪好位而大打出手，出動救護車。

本來狄斯耐樂園是夢的王國，卻變成阿鼻無間地獄。我本來以爲我很了解中國人之沒規矩，但是看到新聞電視，才知道自己對中國人的認識還差遠了。

新聞見報後，網路上展開了大論戰。中國人普遍認爲「花了錢就是大爺，要怎樣都行」，並且將問題推給狄斯耐樂園的管理不好，服務態度不周。

2006年2月的舊曆春節，大批中國人湧進狄斯耐。由於不滿園方的入場限制，想要入園的中國人和保全人員大打出手，最後乾脆來硬的：爬欄杆、把小孩丟進園裡強行入場，而造成大混亂。由於這一天，除了有賣光的當日券外，還有持沒有限定日期入場券的遊客。人數遠高於園方所預估。從前日本也曾經實施過人數限制，卻沒有發生過這樣的混亂。

光從娛樂，也可以看出中國人之利己、不管別人死活，其非文明、唯我獨尊的態度，叫人退避三舍。

第三章

中國人唯我獨尊的優越感

非中國人即禽獸的優越感

「文明 vs. 野蠻」的人種觀絕非只有中國人才有，當然也不限東洋、西洋。但是沒有人比中國人更歧視異民族。中國人對異民族的歧視，與其說是「人種歧視」，不如說是「人獸歧視」。

上古以來，中華之民就自以為自己住在天下的中心，從周朝起就明白地稱周圍的種族為四夷，再分仔細點就是東夷、西戎、北狄、南蠻。

在中國最初（西元100年）的辭典《說文解字》中，這樣寫周邊的民族：「南蠻從蟲、北狄從犬、西戎從羊。」中國人將四周民族不當作人而視為禽獸，由此可見。

對中國人來說，日本人和朝鮮兩者沒什麼差別，都是東夷。自認為自己是「小中華」的朝鮮人，認為「夷」的部首是「人部」，起碼「還是人」，而感到沾沾自喜。

韓愈是中唐有名的詩人及文豪，也是唐宋八大家之一。韓愈在其著作《原人》中說：「人者夷狄禽獸之主也。」將夷狄禽獸歸於同一類，並且說：「吾謂禽獸人可乎。」韓愈嘴裡的「禽獸人」當然不是希臘羅馬神話中的「半人半獸」神。

佛教說：「眾生皆有佛性。」但是中國人卻缺乏「眾生」及「一視同仁」的思想。

韓愈視「夷狄」爲「半人半獸」而非「禽獸」，算是「先進的知識份子」。只要中國民族意識、種族意識越強，就越不把外族當人看。

明末清初的大儒學者王夫之在《讀通鑑論》中說：「天下之大防二：中國、夷狄也；君子、小人也。」又說：「夷狄之與華夏，所生異地，其地異，其氣異矣。氣異而習異，習異而所知行蔑不異焉。」

生長環境風土可以左右人的習性是一種地理風土論。根據王夫之的說法，也是漢人之所以在先天上優越，夷狄在先天上低劣的原因，於是漢人必會成爲統治者，而夷狄再怎麼樣也永遠只是被統治者。這是因爲漢人生在中原，資質才氣高，夷狄生在邊境資質不如漢人的結果。因此漢人統治夷狄是應該的，但是漢人被外族統治便不可原諒，而堅決反對。這是一種「地理民族優越論」。

王夫之的地理中華人種民族優越論，超越了希特勒的日耳曼人種優越論。希特勒的人種觀和王夫之的「人獸觀」在本質上是完全不同的。王夫之又說：「信義者，人與人相於之道，非以施之非人者也。」

王夫之還認爲，滿人統治中國，就算繼承孔孟的思想，漢族的道統，也無法長期統治中國。因爲，中國文化水準太高，超越了夷狄的學習能力。所以就算清王朝可以得到一部份的漢奸的幫助，也只能學會中華文化的皮毛而已，絕對無法學會中華文化的精髓，因此夷狄只適合進邊疆，中原是漢人不可侵犯的領土云云。

　　王夫之的思想後來被曾國藩發現，其中華夷狄思想，深受清末革命家的喜愛。王夫之也是近代中國民族主義的開山鼻祖，被稱爲儒學大家，其民族思想至今仍深深影響現代的中國。特別是中華人民共和國成立之後，更因爲他是唯物論者而受到推崇。

　　據說「清風雖細難吹我，明月何嘗不照人」的呂留良、曾靜也深受王夫之的影響，更有：「中土得正，而陰陽合德者爲人；而邪僻者爲夷狄，夷狄之下，爲禽獸」的思想。

　　曾靜的華夷觀還認爲：「華夷之分，大於君臣之論，華之與夷，乃人與物之分界。」曾靜對其他民族的歧視，較之呂留良有過之而無不及。曾靜所著《知新錄》：「夷狄侵中國，在聖人所必誅而不宥者，只有殺而已矣，砍而已矣，更有何說可以寬解得。」

　　就如王夫之所說的：「夷狄者，殲之不爲不仁，奪之不爲不義，誘之不爲不信」，才是中國式「民族大義」的內涵。

　　外國人和中國人交往之前，不能不先了解中國人的「華夷思想」。

中國是世界最大的雜種文化集團

　　近來中國人常常自稱自己是「黃帝的子孫」、「炎黃子孫」，要不就是「龍的傳人」。本來，中國人是崇拜祖先的

民族，自稱「黃帝的子孫」來自黃帝開國的傳說。《史記》雖有〈黃帝本紀〉，但是卻沒有任何的證據證實黃帝曾經存在過，黃帝出現於後期的中國古籍，也有說黃帝是「天神下凡」。由於其不合常理的地方很多，因此頂多只能稱之為「傳說」。

如果所有的中國人都是黃帝的子孫的話，那麼當時黃帝以外的其他人，如近臣、民眾都「絕子絕孫」了嗎？當然沒有人會回答這個問題。

因為黃帝只不過是歷史的傳說而已。從考古學來看，上世紀中國各地發現了許多原人，除了50萬年前的北京原人、還有190萬年前的猿人化石。中國學者興奮地宣佈：找到中國人的祖先。其實猿人和猩猩狒狒就如同表兄弟，一萬年前不要說中國人，就連印度人、埃及人也都還沒出現。

最近的研究也顯示北京原人不是中國人的祖先。中國雖然也有盤古開天闢地的歷史傳說，盤古是佛教傳來中國，三國時代以後才出現的神話。

那麼到底中國人是從哪裡來的呢？有許多不同的學說。

據推測中國人共通的祖先應該是在中原地方的住民。起先夏人定居在中原之地；之後，殷人；接著周人也從北方來到中原。但是，殷人和周人到底是從哪裡來的，目前還沒有定論。

這三個民族的集團總稱為「華夏」，並且成為中國人的元祖。

到了春秋時代，原來被視為西戎的秦人也被視為中華之

民。之前，秦統合了西川的巴人及蜀人。到了戰國時代，吳人及越人也被統合，從前被視爲南蠻的楚人也被視爲中華之民。

古代中國除了有黃河文明之外，還有長江文明及巴蜀文明，各有其特色。至少光黃河與長江之間，就有黃河中游的華夏、下游淮河流域的東夷、長江中游的苗蠻，及下游的百越等四個種族的文化集團。華夏、東夷、苗蠻、百越四個文化集團，或者說文化圈、植物圈之間，不但語言文化不同，巴人及蜀人也發展出獨特的巴蜀文字，擁有中華文化沒有的文明。

經歷春秋戰國、秦漢帝國的四百年後誕生了漢人的中華文化。

漢末，北方諸族相繼南下，到了三國之後的後晉時代，中原已經是胡漢混居之地。四百年之久的六朝，也就是「五胡亂華」的「南北朝」，正是民族大混合的時代。

本來是中原原住民的漢人，被迫南下與越人混合，留在北方的漢人與胡人混血，隋唐帝國的「唐人」於是誕生。

唐以後，中華文明的擴散力衰退。唐之後中國四周的民族開始競相創造獨自的文字及開始強調獨自的文化。契丹、女眞、羌、回紇人、吐蕃人開始支配部份的中國，之後蒙古人、滿州人不僅取代漢人支配中華世界，並建立了君臨東亞世界的天朝。

唐以後的宋、明時代非常強調華夷思想，一方面來自對中華文明的危機感，一方面也寄望以中華思想來維護王朝。

到了今天，世界一大文明的中華文明歷經數千年強制性的同化、王化、華化、德化，都仍有55個少數民族的存在，說明了中華文化、文明的界限。

中華思想是安慰中國人精神的猛藥

日文中有「中華思想」一詞，但其意思不同於所謂的「中華文明」、「中華文化」、「中國思想」。春秋戰國又被稱爲「百家爭鳴」、「百花齊放」的時代，有「三教九流」也有「諸子百家」，這些種種的學說或思想並不稱爲「中華思想」，而只能稱爲「中國思想」，或「中國的思想」。

日本在戰前便有東洋學者、支那學者就「中華思想」發表許多的論著。我在日本也曾經出版過《中華思想的謊言及陷阱》（PHP研究所，1997年刊）。

今日，日文中常用的「中華思想」所指的並非廣義、概括的「中國思想」。日本人所謂的「中華思想」指的是：中國人的利己主義及優越意識，包括思考模式、價值觀、宇宙觀、世界觀及人生觀。

那麼，到底什麼是「中華思想」，各種各類的百科全書雖然有專家的注釋，但是卻沒有明確的定義。

我曾經收集日本各出版社的「百科大事典」及古籍中《支那論》、《中國論》等論著中出現的「中華思想」一

詞。「中華思想」大致上有以下的語意：優越意識、唯我獨尊、天下國家、華夷思想、中心主義、正統主義、統一主義、文化至上主義、尚古主義、德治主義、朝貢主義、王化思想、王道理論、大國主義、強國主義、大同思想……等等的主義、思想、意識可以作其代表。

大致上來說，「中華思想」並不意指中華文化、文明等諸家諸流的主義思想，而是指中國式的、或者以中國爲中心的思考模式及具優越意識的中國價值觀、人生觀、國家觀、世界觀。

乍看以上所列舉的中華思想內容，好像十分多元、多義，其實其內容是「相生相成」，可以視爲單一的思想系統。

中華思想的誕生、生成、熟成、發酵，歷經了數千年的歷史。早在遠古的夏殷商時代，在中土、中原、中國之地自稱華夏的中華之民，由於文化的優越主義產生了華夷思想，到了春秋戰國時代更加強化。《春秋》的代表思想是：強調尊王攘夷、華夷之別。秦漢帝國的成立及興盛，確立了華夷思想；到了六朝時代，夷狄漸強，中國數度被夷狄征服。在夷狄威脅下誕生的《資治通鑑》及「朱子學」成爲中華思想的代表作，特別是在滿州人君臨中華世界、及西夷（歐美）西風東漸的威脅之下，中華思想再度發酵，成爲安慰中國人飽受創傷的自尊心、治癒自卑情結的猛藥。

「夷狄者，殲之不為不仁」

　　根據中國人的傳統華夷思想，「生於中國者為人，生於外者不可為人」，既然不是人，那麼「殲之不為不仁，奪之不為不義，誘之不為不信」，因為「信義者，人與人相於之道，非以施之非人者也」。

　　當然，這不僅只於過去的時代，到今天也是這樣。特別是受到反日愛國教育的網路世代，在網路世界動不動就要「殺光日本人」、「消滅大和民族」、「喝倭血吃倭肉」、「血洗台灣」。

　　這種想法不限於年輕人，包括中國的國家領導人、知識份子、文化人也都一樣。1995當年的李鵬總理在訪問澳洲時便說：「20年後日本將會從地球消失。」

　　不要說「反日無罪」，在中國殺「倭夷」、「倭豚」，甚至被視為英雄行徑。譬如福岡的一家四口滅門強盜血案的中國留學生在中國被判死刑時，網路批評判決不公；「殺日本人的就是英雄」、「反日無罪」使得為了小錢的強盜殺人犯變成「反日英雄」。

　　中國人又說：「夷狄者，殲之不為不仁，奪之不為不義。」凡是異民族都是夷狄，因此就中國人的中華思想、華夷思想來看，變成只要是夷狄，殲之奪之都不算什麼。

　　其中最具代表性的就是19世紀末的太平天國之亂、及回

亂。回亂之後中國民間開始「洗回」，也就是皆殺回教徒的運動。回教徒並非只有維吾爾族，也有漢系的回族。原本在中華世界佔人口10～20%的回教徒，一時幾乎被消滅殆盡。

「洗回」之後，又發生了震驚世界的義和團「扶清滅洋」排外事件。西太后對萬國宣戰，包括日本在內的八國聯軍進攻北京。這時的排外運動叫西洋人為「洋鬼子」、稱基督徒為「二鬼子」、從事近代產業的稱為「三鬼子」，即使是同胞，只要和西洋有關係，便統統「該死」。到了文革，及現代的紅衛兵二世，中國人對「夷狄」的看法仍然沒有多大的改變。

魯迅說：「不論什麼時代，中國人對外國人只有兩種看法：優越的存在或者野蠻的動物。中國人不但無法視外國人為朋友，也無法把外國人當人看。」

中國人不只不把外國當人看，魯迅說「也不把人當人」。對自己的同胞也不例外。上海人鄙視中國其他地方的人為乞丐；文人將無知的農民比為家畜；中國軍屠殺西藏人有如輾死螞蟻般；都市人把農村來的盲流視為累贅。

「不把人當人」是中國的人間觀。

中國人幻想世界諸文明皆起源於中國

在日本的中國留學生、華人、華僑，只要一聚在一起，便開始自誇自讚地開始捧自己：「日本沒有自己的文化，所

有的東西都是中國傳來的。」譬如：和服、筷子、下駄、相撲、柔道、茶道、神社等等數不盡。

韓國人喜歡這一類的話題不下中國人。恐怕是「大中華」跟「小中華」的共通之處。

如果問他們有什麼根據呢？他們就回答是「常識」，好像全天下都知道。又彷彿日本所有的東西、文明、文化都是中國來的。

還有中國人主張，日本的明治維新之所以成功是託中國的福。因為如果中國人沒有教日本人漢字、漢學、孔子、孟子之學，日本就沒有辦法導入西洋的文化，當然也就無法明治維新。就是因為中國人這麼喜歡牽強附會，所以才這麼討人厭。

郭沫若的主張更有意思。郭沫若是中國文化界的大老，也是詩人、古代史的學者，過去曾經擔任過日中友好協會的會長。

根據郭沫若的說法，中國因為地大物博所以才會遭受西洋列強的侵略。日本又小又窮，列強不屑一顧。日本拜中國全力抵抗列強的侵略，才能完成明治維新。中國文化大老的「日本全拜中國之賜論」，令日本驚訝不已。

當然這也不限日本。中國的年輕菁英階級所主張的《中國可以說不》一書，就有很多這種類型的痴人說夢。譬如美國的誕生也是拜中國人之賜。其根據是因為紙、火藥、羅盤針、印刷術，都是中國人的發明，所以如果沒有羅盤針，哥倫布就沒有辦法發現新大陸，哥倫布沒有發現新大陸，當然

就沒有美國的建國。美國開發的火箭，也是利用中國人發明的火藥，所以美國沒有資格批評中國侵害美國智慧財產權等等。

這一類的主張在中國並不特別，不但是中國人的「常識」，只差沒有要版權而已。

19世紀以來，中國人就非常喜歡這種「本來是中國發明的」、「起源於中國」、「中國以前也有」的論調。

譬如佛教在漢末傳來中國，道教借了佛教的理論而成立。但是到了西晉，爲了主張古代中國思想的優越性，道教徒便寫了《老子化胡經》，內容是說老子到了印度，教化胡人，最後成爲釋迦摩尼的老師。

基督教傳來之後，根據陳熾的《庸書》，由於秦「焚書坑儒」，中國的知識份子大量逃往西方，並傳播了中國文明，而奠定了今日西洋文明基礎。

「舊約」及「新約」的理論，便是來自《墨子》，墨翟就是摩西，所以基督徒也是起源中國。

西風東漸的時代，中國人便大談「西學中源」，中國是全天下的文化發祥地：文學、禮樂、制度、天算、器藝全部都比西洋還早發達，並且更完美。只是中國物質文明失傳，流落到西方，因此要「以中國本有之學還之於中國」。根據王韜的「中道西器」說：「形而上者中國也，以道勝；形而下者西人也，以器勝。」「器則取諸西國，道則備當自躬。」當然不只物質文明，西洋的議會、學校制度都是中國古代的「先王遺志」，當然都是「起源中國」。

　　清代要採用西洋曆法時，也是先引用《史記》的〈曆書篇〉說：由於周末的混亂，使得曆法家的門生四散，而其子孫將曆法教給了夷狄，最後才發展完成，因此西洋曆法其實也是起源自中國。最後要設立天文算學館還得先說在前面：「查西術之借根，實本于中土之天元，彼西土猶目爲東來法。特其人情性縝密，善於運思，遂能推陳出新，擅名海外耳，其實法固中國之法也。」

　　「天文算術如此，其餘亦無不如此。中國創其法，西人襲之。」中國人以此互相舔舐傷口，不然無法平衡心靈的創傷。由於中國不但幻想世界文明都起源中國，自滿而得意洋洋，彷彿全世界的文化、文化皆拜中國之賜，中國有大恩於世界的態度正是中國人討人厭的原因。

中國人的「托中國之福論」

　　中國人的什麼都是「托中國之福論」讓日本人覺得很煩。譬如：日本人可以用筷子吃飯而免於用手吃飯，是托中國人之福；日本能近代化是因爲有漢字，這也是托中國人之福。反正什麼都是托中國之福。每次聽到中國人這種自吹自擂的「托中國之福論」，心裡總想：「拜託，有完沒完啊？」

　　如果要追根究底所謂的「托中國之福」，應該是「托中國人祖先之福」，但是其實心裡眞正想講的是「托我的

福」，既然是「托我的福」，那當然要「感謝我」，要不，至少得「聽我的」。

中國人這種「都是托中國之福」的想法，來自於中國傳統的優越意識及自我中心思考以外，還有「愛國教育」的成功。

但是中國自秦帝國以來，大致來說是情報鎖國的國家，特別是到了中華人民國共和國的時代，可以說是密閉狀態，而且已經超過了三個世代。因此完全不了解世界常識。本來中國人的常識就跟別人不一樣。特別中國是「報喜不報憂」的政治體制，造成人民只知道中國很偉大、以為自己就是天下，卻不知道天外有天。

從小學教育起，學校就教先前所提到文藝復興四大發明：紙、火藥、印刷術、羅盤等都是中國人的發明。

世上的古文明國家都曾經開發過紙、火藥、印刷術及羅盤等等，然後由於文明與文明之間的交流，而產生新的想法，並且加以改良、改進、創造。絕對不可能如中國人所言，如果中國人沒有發明，世界就會沒有文明的事發生。

中國人的邏輯非常地可笑：譬如根據中國人的主張，由於蚩尤使用妖術起大霧，黃帝大戰蚩尤，為了對抗所以發明了羅盤。

當然這沒有什麼科學的根據，只不過是神話及傳說而已。但是中國人便依此主張，如果中國人沒發明羅盤，就沒有近代航海技術，沒有近代航海技術，就沒有大航海時代，當然也不會發現新大陸，當然就不會有美國的建國。

類似這樣的主張不勝枚舉。譬如，如果中國人沒有發明紙和印刷術，今天就沒有著作權的問題；如果中國沒有發明火藥，就沒有近代西洋的大砲巨艦；西洋人利用中國古代的發明侵略中國；中國之所以貧窮落後，都是西洋列強害的；拜中國的巨額賠款列強，才有今日的資本主義……其思考跳躍、沒有邏輯，仿佛是腦筋急轉彎的答案。

韓國人最近也很熱衷於這類到底誰先發現及發明的問答題。在我任教的大學，韓國留學生和中國留學生常常為了誰先發明、發現印刷技術、漢字而爭論不休。讓其他的日本學生、外國留學生目瞪口呆莫明其妙。

歐美日等先進國家，最近強烈地要求中國政府取締有關盜版的問題，實在是因為中國對其各國企業商品的拷貝、仿冒已經到囂張跋扈的地步，是名符其實的「官民合作」盜版國家。

但是中國的主張讓人跌破眼鏡：「日本用中國人發明的漢字，難不成有繳專利金嗎？」

「還擅自利用孔子、孟子的學說，又出版《三國志演義》。如果中國政府向日本政府要求專利的話，日本早就破產。真是忘恩負義！」

中國的學者不時將這樣無厘頭的主張掛在嘴邊。

神舟6號的昇空，使得中國進入宇宙時代，也讓中國人有了自信，發下豪語：「中國終於要超英趕美啦！」並且大聲嚷嚷：「其實世界最早的火箭是中國人發明的。」

中國人說：早在500年前的明代，中國人就開始「載人

宇宙飛船」的實驗，但是中國人發明的鞭炮和今天我們所講的太空船實在差太多，更不要說有什麼智慧財產權的問題。

過去美國政府發動「超級301法案」，以向中國施壓。但是中國人不會因為這樣就氣餒。

在《中國可以說不》一書中反而恐嚇：要求中國政府集結各領域的專家組成了調查團，並且派遣到美國，準備調查美國對中國四大發明智慧財產的侵害。

就是這樣的中國，使得中國人走到哪裡討人厭到哪裡。

世界上最聰明民族的自信

中國人常常自吹自擂自己是「全世界最聰明的民族」。如果問：「何以見得？」便會回句：「這是歷史的明證。」接著提出孫子、孔子、孟子等等中國的古聖先賢的名字，來說明自己是最聰明的民族。

的確，中國史上有很多聰明的聖人、賢人及大學者。但是這並不能成為中國是世界最聰明民族的證據。如果無法定義何為「聰明」，如何證明怎樣才叫「聰明」？如果以文盲的比率來看，中國肯定是愚民之國。

韋伯也說，《論語》的內容和印第安酋長的名言、家訓不相上下。孔子自己也承認「述而不作」，只是轉述先人話語，並非自己創作。

中國人常說：「中國腦筋比較好，日本人、美國人比

較笨。」韓國人說：「中國人是世界上頭腦最好的民族，韓
國人其次。」在柏陽的著作《醜陋的中國人》介紹了很多實
例。

　　根據柏陽的理論：「一個中國人是一條龍，三個中國人
加在一起不是一條豬，是一條蟲。」中國人雖然有能力，但
是一旦要團體競爭時，組織力及團結力較強的日本人就佔上
風。中國人最會的是「派系鬥爭及內鬥」。

　　柏陽說中國人的缺點就是：「髒、亂、不守秩序、吵、
鬧、死不認錯、沒有大國的度量。」日本人不但在團結方面
遠勝中國人一籌，日本人還有其他很多優點。

　　譬如日本人勤勉而誠實。就是因爲日本人太老實才常常
被中國人騙，就算被騙個一百次也學不乖。但是如果換成中
國人，再嚴密的法律，中國人也找得到漏洞可以鑽。日本人
則是認眞地遵守法律。日本人的勤勞及誠實是日本人致勝的
關鍵，從另一方面來說，同時也是弱點。

　　中國人從小就在「不是騙人就是被騙」、你死我活的叢
林世界教育洗禮中長大。在人治社會的中國人當然比日本人
更擅於走後門、靠關係、鑽法律漏洞。

　　但是會走後門、靠關係、鑽法律漏洞就足以成爲世界
最聰明的民族嗎？當然不是。過去我曾和柏陽一起討論過：
「文盲、愚民多，教育又不普及的中國，眞的配稱爲世界最
聰明的民族嗎？」

　　柏陽強調「天生的聰明」，但是我仍然不認爲日本人有
比中國人笨。中國人自古以來便善於詭辯，但是語言構造卻

欠乏論理。

被稱爲賺錢之神的邱永漢說：「中國人腦筋動得很快。如果個個來比較的話，智商應該比日本人還高。如果把焦點放在『賺錢』來看，日本人不是中國人的對手。」（《中國人與日本人》中央公論社，1993年刊）

但是卻沒有提出，「腦筋動得快」、「智商比日本人高」的根據爲何。

但是若就凶殺及詐欺的犯罪統計數字來看的話，中國人的確非常地「優秀」。還是所謂「聰明」的意思，指的是負面的能力？不應該是這樣，我們應該更冷靜地分析中國人。

95％人類史是中國史

近年來，所謂的中國專家透過電視、新聞、雜誌大量散佈95％的人類史「是中國人的時代」、「中國曾是世界最富有、最強的國家」這一類的胡說八道。

1989年六四天安門事件後，開始流行「大中華經濟圈」、「21世紀是中國人的世紀」，不久便出現了「95％人類史是中國人的時代」。

他們還主張人類史的這段期間，「中國的經濟佔全世界經濟的30～60％」。但是這不過是他們的「想像」，不是近代經濟學的數字。和中國有關的經濟數字，大都不可靠，因爲最重要的人口都是隨便說說的推定數字。連最基本的統計

數字都說不準，更不用說其他的經濟數字。

　　不如先從中國史的常識來分析一下中國的地位及貢獻。

　　中國是歐亞大陸中最閉鎖的國家及文明圈。有史以來陸禁、海禁不斷，雖然也曾有過陸上及海上的絲路，但是就地政學來看，中國在文明、政治、經濟上一直是「與世隔絕」的狀態。部份的開港、開國也是到了南宋至明初，明朝之後又實施了海禁政策。

　　如果要談這樣閉鎖的文明圈佔了人類史百分之幾云云，首先得先定義世界史及人類史的定義。

　　「經濟史上最富裕的國家」也沒有超過白日夢的領域。中華帝國2000多年，反覆著一治一亂的鐵則。的確中國也曾經有「文景之治」、「貞觀、開元、天寶之治」，還有康熙、雍正、乾隆三代的盛世。但是這些盛世加起來也沒有中國歷史的十分之一。

　　如果從社會經濟史來看中國，那麼，基本上中國是「水旱之國」、「飢饉之國」及「戰亂之國」。餓死者常以百萬人、千萬人計，還有過人吃人的時代，「凶象」的時間，遠長於盛世。中國的經濟社會史應該從這樣的角度來重新檢視。

　　戰後60年，大躍進政策的失敗造成了2000～4000萬人餓死，接下來的文革也有2000萬人犧牲。

　　接著應該從比較文明學及生態學的視點，來看「95％人類史是中國人的時代」是否爲眞。中國誕生於黃河文明，到了經濟較繁榮的南宋時，黃河地區便已經衰退，宋高宗向金

稱臣納貢，放棄了北中國的統治權。

宋之後，南北的經濟力大約是9比1。北中國只能以「統一中國」的形式以寄生南中國。這個生態學的問題成為一千年來中華帝國、現代中國的歷史課題。

的確中國有漢唐的盛世，但是也有漢唐帝國的亂世及悲劇。元和清是征服中國的北方異族王朝，就中國史來看，也是中國人最幸福的時代。在觀察中國歷史時，不能漏掉這個異民族支配的觀點。我建議在盲目轉述中國觀點之前，務必先以中國大歷史的視點，及世界史的角度來看中國的主張。

連夷狄也編入中華民族

如先前所述，中國不但歧視夷狄，還有一股莫名的優越感。到了現代，更厚顏無恥地想要將異民族統統編入中華民族，也不管人家要還是不要。譬如連元帝國的始祖成吉思汗都變成了中國人，西藏人也變成了中國人。

中國有史以來的傳統民族觀、華夷思想在20世紀時起了很大的變化。從前視為世仇、又不當人看的夷狄，一下子變成了稱兄道弟的大中華民族的手足同胞。

其主張的背後和清朝解體時的世界局勢有關。清末的內憂外患除了有西風東漸的列強侵入，白蓮教之亂後又有川楚教亂，天理教之亂。19世紀中葉又有「奉天討胡」的太平天國之亂，及自7世紀以來便以地球規模不停擴散的回亂。

特別是回教徒的擴散力實在驚人。回教徒想要重建支配中亞、南亞、印度大陸的蒙兀兒帝國的企圖，對中華世界造成了極大的威脅。由於儒教文化不是其對手，因此不得不在民間展開了徹底的「洗回」。

就在這樣的內憂外患中，中國受到西洋民族主義、國家主義的影響，以建立近代國民國家為目標。

當時的主流思想及主義意識有兩個流派，分別是維新、立憲派及革命派。維新派主張中華民族主義：融合所有的民族成為中華民族；革命派是以漢民族為中心的大漢民族主義，其口號是：「驅逐韃虜恢復中華。」

維新派的中華民族主義不無對抗當時開始流行的大漢民族主義的意味。

譬如19世紀中葉的太平天國之亂。雖然太平天國是假借基督教上帝會的宗教之亂，但是另一方面也呼籲打倒滿州人的支配，而發佈了《奉天討胡檄》。檄文中這樣說：「夫中國首也，胡虜足也；中國神州也，胡虜妖人也。」「夫中國有中國之形像，今滿州悉令削髮，拖一長尾於後，是使中國之人變為禽犬也。胡衣猴冠，是使中國之人忘其根本也。」「中國有中國之語言，今滿州造為京腔更中國音，是欲以胡言胡語惑中國也。」「予總料滿州之眾不過十數萬，而我中國之眾不下五千餘萬，以五千餘萬之眾，受制於十萬，亦之丑矣。」也就是以種族革命的大義名分，要求「同心戮力掃蕩胡塵」。

其後，攻擊維新派的革命派也以「驅逐韃虜」做為口

號。

由於大漢民族主義的興起，使得維新派的領袖們不得不主張「大中華民族主義」來對抗。

譬如康有爲的反大漢民族主義的民族論裡這樣說：「吾救苦之道，即在破除九界而已。第一曰去國界，合大地也；第二曰去級界，平民族也；第三曰去種界，同人類也。」又主張：「滿洲云者，古爲肅愼，亦出於黃帝後。」「我國皆黃帝子孫，今各鄉里，實如同胞一家之親無異。」

爲了維護清朝的正統性，清初以來就有五族共和論、中國雜種論。中華民族論顯然是這些主張的昇華。不論是夏、殷、周，只要進入中原，「夷狄」就會變成「華夏」。

另一方面，1902年3月29日，大漢民族主義者在革命根據地的東京召開了「支那亡國242週年紀念會」。1905年，興中會、光復會、華興會合併成爲「中國同盟會」。在東京成立的同盟會的綱領是「驅除韃虜，恢復中華，創立民國，平均地權」，但是由於大漢民族主義無法和中華民族主義對抗，最後，孫文放棄大漢民族主義，重寫了「三民主義」中的民族主義。

中國的歷史常常因爲主張、主義的改變而重寫。譬如，清末時，章太炎等人在東京紀念支那亡國，但是後來卻又主張：「中國是世界史上唯一不曾亡國的國家，華夏雖然在軍事力略遜北方民族一籌，但是卻以優越的文化徹底地征服了夷狄。」

譬如梁漱溟便是中華文化絕對優越論者之代表人物之

一。

於是，中國人腦裡，蒙古人、西藏人、維吾爾人都是中國人的想法逐漸成熟。

民族主義的回頭路

經過國共內戰及中日戰爭，共產黨掌握了中國的實權，並且建立了中華人民共和國。「世界革命、人類解放、國家死滅」是當初建國的目標。

這是一個具反民族主義、反愛國主義的政治思想：否定民族及國家，追求世界主義，視宗教爲人民的鴉片，主張「人類平等」、「四海兄弟」。當時也反對以漢民族爲中心的大漢民族主義或地方主義。當然更沒有大中華民族主義。

文化大革命後，這樣的社會主義政治思想在中國漸漸失色。也就是所謂的「社會主義危機」。社會主義在日本遲至天安門事件及蘇聯的崩解之後，才漸漸失去魅力。現在社會主義在日本已經完全沒有市場，成爲學者及文化人的懷舊鄉愁。

伴隨社會主義的危機緊接著出現在中國的是要求民主化的運動。於是中國只好從「社會主義建設路線」轉換成「改革開放路線」。然後不忘在「市場經濟」上加上前置詞「社會主義」，另外再加上「四個堅持」（堅持馬列主義毛澤東思想，堅持社會主義道路，堅持無產階級專政，堅持中國共產黨的領導）。

因爲不這樣中國無法繼續生存。

　　但是建國理念的社會主義政治思想卻隨著改革開放日漸失去民心，中國從理念之國變質成再世俗也不過如此的國家。

　　取代社會主義政治思想的是民族主義、愛國主義及振興中華、再建中華帝國的夢想，也就是集結所有的民族成爲中華民族的大中華民族主義。

　　換句話說，由於大躍進政策及文化大革命等以社會主義爲名的建設失敗，不得不祭出中華民族主義以繼續維持體制。

　　不論如何，在康有爲主張大中華民族主義一百年後的新中國，仍然得徹底推行大中華民族教育，可以看出大中華民族形成的困難，也象徵了中國近現代史的虛妄。

　　近代民族主義的理想是「一民族一國家」，從優勢民族中解放獨立是民族主義的潮流，但是大中華民族主義卻剛好相反，強制地統合漢滿蒙回藏……等五十六族，將漢文化的桎梏硬套在異文化，使得中華民族的形成難上加難。花了一百年的時間，仍得繼續強化的理由也是因爲周邊諸國及少數民族的不滿不但沒有解消，反而日益高漲。

民族文化被抹消的西藏

西藏是強制漢化中的最大犧牲者。

西藏本來是獨立的國家，有獨自的語言、文學、宗教、也有獨立的政府及紙幣。第二次世界大戰末期，羅斯福總統還曾寫信給西藏政府要求西藏對日參戰。

中華人民共和國成立之後，中國和西藏簽定了和平協定，但是中國人民解放軍以「解放農奴」爲口實，突然進攻西藏並且軍事佔領拉薩。達賴喇嘛不得不逃亡印度。人民無術可施。目前中國仍繼續殖民統治著西藏，美國也視西藏爲被軍事佔領的國家。

中國的少數民族政策就是消滅其語言及文化以和中國同化。滿州族人口超過一千萬以上，但是現在全中國會說滿州語的只有50人，聽得懂的不到100人。另外，內蒙古自治區裡，蒙古人的人口只有10分之1，當中每4個蒙古人只有一個人會說蒙古話。

中國的少數民族正瀕臨滅絕的危機。到目前爲止仍奮力抵抗的是佛教徒的西藏人及回教徒的維吾爾人。

天安門事件二年前的1987年9月～10月，拉薩發生了要求西藏獨立的大規模遊行。被佔領30年，受盡苦難的西藏人再也忍不住了。

做爲被殖民民族，西藏人30年來嘗盡了人世間的悲慘。

拉薩的暴動是為了呼應達賴喇嘛在美國議會提出的「Five-Point Peace Plan」要求中國軍從西藏撤退。

西藏所歷盡的苦難實在筆舌難盡。特別是僧侶所遭受到慘絕人寰的迫害，直到今天仍是現在進行式。文化大革命時，約4500～6000座西藏寺院慘遭破壞，120萬西藏人被屠殺。

接著多於被屠殺的西藏人數的漢人移民湧入西藏，大規模地開採森林，挖掘地下資源，濫捕野生動物，丟棄核廢料，榨取各種資源。

目前西藏人最大的危機是大量漢人移民所帶來的土地及文化的破壞。特別是1989年3月5日發生的大規模反中國暴動後，西藏現今仍處於戒嚴的狀態。達賴喇嘛至今還無法回自己的故鄉西藏。

中國政府佔領拉薩後強烈批評達賴喇嘛是「分離主義者」。對西藏人來說達賴喇嘛是非常特別的存在，是活佛，也是精神的領袖。達賴喇嘛雖然因為亡命不在西藏40多年，但是西藏人民對達賴喇嘛的崇敬之心仍不見衰退。這樣的信仰心就是西藏人的西藏意識，也是西藏人被中國佔領40年卻仍能團結原因。這樣的力量是沒有宗教心的中國人所不能了解的。

第四章

影響世界的中國毒

散佈疫病的中國

　　源自中國的SARS、還有利用候鳥在歐洲、中東、南亞、非洲急速擴散的禽流感H5N1震撼了世界。

　　由於H5N1病毒會直接傳染到人，非常地棘手。根據日本厚生勞動省預測，萬一H5N1病毒在日本流行，那麼每四個人就會有一個人感染。換句話說將會有3000萬人發病。據說H5N1病毒源自於中國青海。

　　中國散佈如此可怕的病毒，不但無所爲，還試圖隱瞞。2003年的SARS就是其例。中國最初否定，然後以少報多，還向全世界開了「保障沒問題」、「歡迎大家來中國旅行」的記者會。被交相指責的中國接著改口說「被害輕微」；接著又動用媒體四處宣傳報導說，發症地是美國或是台灣。最後連中國人自己看不下去，一位醫生一狀告到WHO，舉世譁然。就在中國支吾其詞之際，被害擴大到全世界，各地陷入恐慌並造成775人死亡的慘劇。

　　根據甲骨文的記載，中國自古以來便是疫病流行之地。「正史」、「疫病史」也記載了許多造成大量犧牲的地區性瘟疫，還有約8～9成病死的記錄。

　　特別是水災及乾旱之後，就會有疫病大流行。也有專家認爲元朝和明朝的衰亡便是因爲疫病的流行。事實上，明末萬曆年間（1573～1619年）乾旱頻仍，最後鼠疫及天花在華

北大流行，造成了1千萬人死亡：「大同瘟疫大作，十室九病，傳染者接踵而亡。」崇禎6年（1633年），華北又爆發了第二次的鼠疫：「天行瘟疫，朝發夕死，至一夜之內，百姓驚逃，城爲之空。」崇禎13年：「瘟疫傳染，人死八九。」崇禎14年：「春無雨，蝗蝻食麥盡，瘟疫大行，人死十之五六。」崇禎16年京師北京疫情慘重：「病者吐血如西瓜水立死」、「死亡枕藉，十室九空」、「大疫，人鬼錯雜」，天津的疫情則是：「有一二日亡者，有朝染夕亡者，日每不下數百人，甚有全家全亡不留一人者。」《明史紀事本末》中說：「京營兵疫，其精銳又太監選去。」因此也有一說認爲北京城由於瘟疫人口大減，軍力單薄，因此不攻而克。

　　有史以來，中國便是世界性瘟疫的「發祥地」。譬如中世紀歐洲大流行的黑死病，據傳是來自中國的元朝軍隊。黑死病的侵襲造成歐洲人口1／3的2500萬人死亡，中國人口半減。

　　1918年秋天起到1920年春天造成全世界2500萬人死亡的流行性感冒病毒也源自於中國。當時世界人口的20～40%感染此病，日本也有約2000萬人感染，40萬人死亡。

　　1957年在中國爆發的「亞洲流感」，造成了全世界約100萬人死亡，美國國內約69800人犧牲；之後「亞洲流感」病毒進化成所謂的「香港流感」。日本過去也有許多流行的傳染病來自於中國的商船，譬如日文名爲「唐瘡」的梅毒、霍亂、天花、痢疾。

　　爲什麼中國是這麼多疾病的發源地，而且具有這麼強大

的威力可以擴散到全世界？一言以蔽之就是衛生環境太差，中國人在文化上缺乏衛生的觀念。

即使在今天，中國可以為了擴軍，軍事預算每年以十位數字成長，但是對教育及醫療的預算與其他世界各國相比卻仍然偏低。沒有衛生常識及知識使得中國成為疾病的溫床。

由於中國仍有大約五億人沒有經濟能力接受醫院的治療，從前據說Ｂ型肝炎的帶原者約有1億人，最近修正為7億人；有報告指出肺結核的帶原者約5億人左右。

有關愛滋帶原者的人數有1千萬、2千萬、3千萬等各種推測。由於中國政府不公開情報，所以沒有正式的數字，但是可以推測其帶原者數絕非小數。由於愛滋的帶原者以每年30％的速度在增長，近年也有研究預估帶原者已經破億。

有關中國愛滋病患的詳情，法國報誌《解放報》（Liberation）的記者皮耶爾·阿斯奇著有《中國的血》（文藝春秋，2006年2月），揭露了愛滋病患在中國慘狀。作者冒著生命的危險潛入了中國政府禁止採訪的河南省愛滋村，並將其現狀及照片公開於書中。

《中國的血》赤裸裸地描寫了在生死邊緣的農民。愛滋村的村民由於捐血而染上愛滋。農民在政府的鼓勵之下，反覆地賣血以賺取微薄的捐血錢。農民因為不潔的針頭而感染。政府雖然知情後，卻視若無睹。窮到必須賣血的農民更不可能自費接受治療，只能等死。

不論村代表如何上訴，政府不理不睬。知道農民困境的商人，便趕來賣假藥給農民。由於外國媒體的大量報導，好

不容易2005年中國政府撥款補助；可是2006年8月卻發現，這筆經費被縣的最高幹部給貪污去了。草菅人命到這個地步，令人說不出話來。

更沒常識的是，中國不但不想辦法阻止疾病在世界擴散蔓延，還想把別人捲進來。譬如，世界其他各國都沒有辦法了解中國為什麼要像偏執狂似地妨害台灣加盟WHO。

在日本，中國的吳儀副總理以訪日時放日本小泉首相鴿子而知名。在台灣，她則以千方百計百般阻撓台灣加入WHO知名。中國一再宣稱：「台灣不是主權國家。」還說：「中國會照顧台灣二千萬人民。」卻不小心說出真心話：「誰理你們！」

吳儀還以「台灣是中國絕對不可分的一部份」為理由，要求將台灣與中國同樣列於禽流感及愛滋的疫區。台灣當然不是中國的一部份，也不是疫區。

結果使得台灣不但國家形象受損，也蒙受龐大的經濟損失。像中國這樣無理蠻橫又散佈疫病的國家會在世界受歡迎才怪。

Made in China的仿冒品

近年來，中國製的仿冒品在全世界四處流竄。不只令人感到不安，甚至有點恐怖。中國在改革開放之後，以超便宜的人事費為武器，將全世界的資本及技術集中到了中國。

中國不但成為「世界工廠」，也是「仿冒世界的工廠」。香港的《東方日報》（2006年4月28日）報導EU以「跋扈」批評中國囂張的仿冒行為，並且說中國「除了飛機和核彈以外，都是仿冒的」。最近中國還仿冒了限定生產的法拉利跑車。

由於中國的仿冒，日本每年損失超過1兆日元。根據美國議會的報告，美國的損失是日本的30倍，高達2600億美金。

並不是「名牌」的「商品」才會被仿冒。在中國連生鮮食品也可以仿冒。聽起來好像很誇張，生鮮食品怎麼能仿冒呢？但是中國就是連「蛋」都可以仿冒，還有賣給觀光客的「假茶」。

公司行號、個人也有逃稅用的假帳、假發票、假銷貨單。如果配備最新武器的警察沒找上來強制徵收，就不用繳稅是中國人的常識。

中國的企業、包括國營企業都患了「逃稅抗稅症候群」。不但半數以上的國營企業不繳稅，90%的個人也努力逃稅。

假鈔在中國也氾濫成災。就算是在銀行領的錢也有可能是假的。通常在銀行領的100張紙鈔中，大約有6～7張是假的。因此個人商店如果不買紙鈔辯識器的話，根本無法做生意。問題是連紙鈔辯識器也有可能是假的。還有開「假銀行」來吸收資金的詐騙集團。

不過開假銀行還不算什麼，還有自己開李鵬首相父親紀

念館以收取入場費的老千、及最後被逮捕的「假皇帝」。

詐欺師詐騙的層面廣泛，有異想天開的假銀行、假皇帝，也有較庶民而生活的，譬如假出生證明、假結婚許可證、假死亡證明書等等。特別是想要倒人家會、破產、或不想還債時，假死亡證明書就不可或缺。

假畢業證書算是日常用品類。在重視學歷的中國假學士、碩士、博士、假學術論文、假學者等等泛濫。中國共產黨中央紀律委員會檢查湖南、湖北兩省幹部的經歷後發現，八成以上的碩士、五成以上的大學畢業學歷是假的。

最令日本入國管理局頭痛的是，中國留學生的書面審查。因為偽造文件實在太多，就算公家機關發出的證明都很可疑。加上每年有申請留學日本的人數龐大，以致於審查費時。

中國政府也推行「打假運動」，妙的是還有「假的打假運動」，假警察、假公安假藉取締趁機敲詐。既然有假警察、假公安，就有賣假警察制服的商家。這幾年，每年平均有2千名假警察被逮捕。被捕的是冰山的一角，因為中國的檢舉率非常低。

在我學生時代時，國民黨政權稱北京政府是「匪偽政權」。「偽」、「匪」是定冠詞，如果沒加上搞不好會被視為政治犯。說極端點，要在中國生存就是除了自己是真的以外，最好要先把其他的都看作是假的比較好。

吃死人的毒藥及毒菜

不只中國國內，全世界都深受中國「假貨」之害。最具代表的是歐美日的智慧財產權的問題。美國近年來也有「No China」的拒買運動。不過，假貨的問題不僅只於此。

目前，更應關心的是中國最危險也最不衛生假藥及有毒食品的問題。

譬如使用滑石粉、染料的有毒高級茶，摻有石蠟的有毒餅乾、混有滅蠅殺蟲劑的有毒鹽、含有漂白劑的有毒米、有毒食用色素、有毒添加劑、有毒防腐劑、毒奶粉、黑心豆腐、黑心蜂蜜等等不勝枚舉。

致癌的食物及不衛生的食品在市場橫流。前年賣剩的月餅、病死豬、毒死狗，只要有錢可以賺，凡事向錢看、有錢就好的中國人都可以面不改色的拿出來賣。

特別還有假酒，因為使用工業用酒精，因此造成許多人死亡。據說市場流通的中國的名酒「五糧液」有70％是假的。還有給客人喝假酒的酒家。

有毒食品不僅損害自己國民的健康，他國國民也成為被害者。

韓國因為在中國進口的泡菜發現寄生蟲而輿論沸騰；中國不甘示弱表示中國在韓國進口的泡菜中也發現了寄生蟲，結果引爆了一場「中韓泡菜戰爭」。

　　日本在2002年春天發現中國產的菠菜使用過量的農藥。最講究食品衛生的日本社會譁然，媒體大幅報導了中國產的有毒食品問題。現在中國產的蔬菜＝「毒菜」是日本社會對中國菜的印象。日本又有幾起吃了中國五千年減肥秘方而死亡的事件發生，使得日本社會現在對「中國產」的食物具高度的警戒心。

　　中國的有毒及黑心食品已經跨越國境成為國際問題。但是中國國內卻未見有任何改善，黑心食品仍在市場竄流。根據中國2001年衛生部藥物部門的調查，市場的藥品有9成是不良或有害。藥品並非只限於藥房買的成藥，而是連醫院都使用假藥。

　　還有許多漢方的假藥，根據2004年的調查，700種類的藥材中有200藥材的成份有問題，讓中醫也大傷腦筋。中國也是世界上抗生物質最氾濫的國家，每年的死亡人數超過8萬（《前哨》2004年3月號）。

　　特別是根據衛生部研究室的資料，每年食物中毒的人數以兩倍的速度成長。根據2003年5月以後的正式統計顯示，每年有2千萬人食物中毒，其中有30萬人以上的人死亡（《爭鳴》2004年6月號）

　　目前中國也是世界最大的自殺大國，每年有100萬人以上自殺，當中有30萬人是農民。在中國流行一個笑話，說的是：「一個農民喝農藥自殺，結果沒死，因為農藥是假的；送到醫院打點滴，結果卻死了，因為點滴是假的。」這真是個令人笑不出來的冷笑話。中國在全世界擴散有毒食品及有

害藥品。但是在2007年7月29日，韓國駐北京公使吃了附近商店的三明治後，因為腹瀉不止，送到醫院打點滴，結果死了，真的死了，因為點滴是假的。這不是笑話，是中國的真實。

中國在世界各地搶奪資源

中國有5000年歷史及過剩人口，從地上資源到地下資源，或者可以稱為資源的東西，都已經枯竭。不僅地理學上的枯竭，包括物質的、經濟的、資源的、技術的、及人才都十分欠缺。

因此中國被稱為人口最多、資源最少、欲望最大、道德最低的「四最」國家。「人口最多、資源最少」象徵人口過剩的危機，也造成大量的失業問題及社會危機。國民素質太低，就算人口再多也無法負負得正。

並不是說人口多就好。中國政府也明白，所以才屬行「一胎化政策」。雖然如此，13億人口仍然持續增加。但是五千年來的過度開發，使得中國已經土地疲乏，資源枯竭，人口卻又不斷地增加。

照這樣下去，中國將面臨國家的生存危機。近現代史上水災、乾旱、飢荒、森林的消失、沙漠化、瀕死的河川，大量的流民、國際盲流的狂奔移動，都是末期的病徵。

自19世紀以來，中國之所以戰亂長達一百多年，莫非是

因為「爭奪有限的資源」。中國雖然在學校教學生「地大物博、資源豐富」，這是黑白講，把幻想當作教育。

中國不但得養活巨大人口、維持經濟成長，絕對會面臨到資源不足的問題。特別是水資源、能源，及糧食不足的問題。90年代中期，美國農業開發局長糧食專家的Lester R. Brown曾經提出「誰來養中國人？」的問題。當時中國氣得跳腳，還嚴正抗議。結果，一面抗議，一面卻又因為儲備糧食的不足，緊急輸入了糧食。

最近中國在中南美、中東及非洲等世界各地搜購能源。並且又因為陸上資源不足，而開始進出海上。並且以強化海上軍事力為後盾，與鄰國爭奪南海資源。

最近幾年，活動範圍從南海擴展到東海，和日本展開海底資源爭奪戰。中國鯨吞式的能源搜購，造成了與美國及世界其他各國的緊張關係。因此中國只能更加強化軍力。

中國一面大量消費能源，卻不思如何改善能源的使用效率，而只是將世界上所有的能源都當作自己的來搜購。這種霸道的態度，引起了國際的緊張關係，也令中國越來越討人厭。

打擊鄰國的公害污染

近來年，中國的河川污染、海洋污染及空氣污染引起了國際間的重視。70年代之前，社會主義的中國，對公害的

處理算是蠻先進的國家，日本的媒體也曾經大大的報導及介紹。當時中國被過獎為社會主義的桃花源。

日本中國古代史的重鎮貝塚茂樹教授在對談中提到最想住的地方便是中國的農村，並且視現代中國宛如「詩經」的世界。但是，想像和現實的距離太大。

全世界在改革開放後好不容易才知道中國的自然環境早在瀕死的邊緣。社會主義中國的農民，和祖先一樣破壞自然環境，乾旱在各地加速度地進行，過度開發使得沙漠化面積擴大，森林的濫墾濫伐使得表土流失。流失的表土使得東海的海底沙漠化，漁場衰竭。

河川及湖澤的乾枯所造成的「自然災害」使得60年代初期超過2000萬人以上餓死。緊接著而來的是十年浩劫的「文化大革命」。

改革開放之後，社會主義市場經濟的導入，世界公害產業大舉進入中國。早在外國企業進入中國之前，中國的自然環境便已經岌岌可危，加上外國公害產業的進駐、中國政府的無為，使得環境破壞到無可彌補的地步。

本來中國人就沒有保護環境的觀念。他們把一切命運交給「天子」、「天命」，個人是無力的，「沒辦法」是中國人的人生的哲學。

中國徒有五千年的歷史，卻沒有保護環境的觀念。結果隨著產業的導入，工業廢水加上民生排水、糞便直接灌入河川，使得河川、湖澤死亡，結果出現了大量的奇病、怪病，中國人自己也深受其害。根據2007年8月3日中國國家海洋局

所發佈的《中國海洋環境品質通報》顯示，80%的沿海地區將污水、廢水直接排入海洋。換句話說，海洋成爲中國國內的廢水池。光是2007年上半年，中國全海域共發現赤潮44次。而沿海廢水已經嚴重影響到鄰國如台灣、日本、韓國的漁業。

根據國際中醫學會最近的報告，1億2千萬對生育適齡夫妻中，約3千萬對夫妻不孕。每年約有100萬新生兒有先天的殘疾。環境的污染加上食物的污染，中國人面臨了空前絕後的危機。

中國著名的作家鄭義在其著作《中國之毀滅》指出，中國以經濟成長率（GDP）的三倍速度在破壞環境。照這樣的速度進行下去，中國山河的破滅將成爲鐵的事實。

水資源的枯竭加上水質的污染，使得中國大地重度污染，並且成爲世界最大的公害擴散地。大氣污染也嚴重影響到韓國、北朝鮮、及日本等鄰國。酸雨破壞了森林、並侵蝕建築物。

不僅這樣，黃沙也帶來污染空氣的硫磺，並且影響到韓國、日本、台灣各地人與自然的健康。日本觀測得到黃沙的天數年年增加，問題越來越嚴重。黃沙被害的擴大，來自於中國的沙漠。各國出錢出力爲中國森林再造，可是樹才種下去沒多久，就又被當作燃料及商品轉賣掉，因此幾乎沒有成效。

河川的污水不僅影響到西伯利亞，也擴大到媚公河，媚公河的河海豚瀕臨滅絕的危機。特別是海洋的污染也非常地

嚴重。目前，渤海及黃海因為工廠的排放廢水而瀕臨死亡。赤潮造成越前水母巨大化等異常現象發生。中國山河的崩壞以世界性規模地擴散，並且拖累鄰國和中國一起共赴黃泉。

大中華犯罪共榮圈

許多中國學者、中國記者、或日本的華僑專家在其著作中常常說海外的華人及華僑「犯罪率低」、「納稅誠實」、「政治中立」。

每看到這種「過獎」，我都心想「扯謊也該有個節度」。過去以來，我一直主張中國人的說法，倒著解釋就沒錯了。

華人和中國人的犯罪率和逃稅案件數是數一數二。另外，就華僑對政治中立度來說，孫文說「華僑是革命之母」，海外的華僑可以說是最喜歡政治的人種。

華人及華僑在戰後，及中國的改革開放後大量流出海外。自從倭寇活躍的時代，華僑向世界的擴散，連帶輸出了犯罪。

「黑道」和「幫會」組織也是19世紀中國的「教匪」「會匪」之亂的主角，不但活躍於海外的華僑社會，並且成為西歐殖民地的打手，協助西歐諸國的南洋殖民。

另一方面，他們也從南洋的殖民地，移民到西歐的宗主國，而成為「黃禍論」的起頭。特別是義和團事件後，擴散

到美國及澳洲。

　　中國改革開放後，大批的國際盲流流入海外的新舊大陸，從西伯利亞擴散到太平洋的諸島、非洲的密林，成為麻藥、賣春、走私、犯罪的主角。「華禍」成為世界各國治安的最大威脅。

　　中國幫派的凶惡犯罪令人聞風喪膽，背後又有國民黨及共產黨雙方的情報機構、軍部、公安在支撐著。再加上他們有豐富的資金伸入各領域，精通各種技術，在各地建立華僑的「黑暗帝國」。

　　日本也有許多書詳細說明了其真實的情形。法國Le Monde（世界報）記者Roger Faligot的著作《醜陋的中國人─犯罪編》（光文社）便赤裸裸地描述其令人毛骨悚然的光景。Faligot指出在不久的將來中國的黑道便有能力可以走私、買賣毒瓦斯、細菌兵器、核武，並且預測「21世紀是中國黑道的世紀」。

　　日本近年來也發生中國留學生的凶惡犯罪。譬如，2006年5月，學校的教職員勸繳不出學費的中國留學生回國時被刺傷事件，還有2003年發生的福岡一家四口滅門事件。

　　中國幫派在美國紐約中國城的慘絕的械鬥、恐嚇、暗殺，還有震撼舊金山的無差別殺人事件。進出歐洲的中國黑幫旁若無人地在倫敦、巴黎、阿姆斯特丹等主要的都市販毒、賣春、殺人、詐欺等犯罪一連串事件震撼了歐洲社會，帶給當地的人莫名的恐怖感。

　　中國黑幫的抬頭，已經壓倒了以義大利的黑手黨為首的

世界幫派組織。爲什麼中國的黑幫能如此強悍，原因來自幫派與中國軍隊及公安組織不即不離的關係，及以「幾條人命不算什麼」的價值觀，再加上組織在國內有高達3千萬的子弟兵。

於是各幫派組織各自劃分地盤，一面互相抗爭、一面共存共榮。至於黑道在21世紀會不會如Roger Faligot所預言可以擁有細菌兵器、核武，並建立大中華黑道共榮圈，則得觀察他們背後的中國軍及公安的動向。

活躍在世界各地的中國間諜

美國CIA的報告說「中國留學生80％是間諜」。我也向中國民運人士及公安方面的專家確認過，對到日本及美國的中國學者來說，特務工作是義務。在「爲了中國」的大義名分之下，沒有人能拒絕公安的要求。

這種做法是中國傳統的做法。過去蔣介石父子統治台灣時，也是用這一套。如果不加入國民黨就無法成爲公務員，如果不成爲黨幹部也別想在中華人民共和國出人頭地，這是中國人的宿命。

中國學者在海外的任務除了得替黨及政府作宣傳、收集技術及情報，還得「偷」。譬如「技術」，特別是有關高科技的技術，中國政府對技術投資的比率非常之低，幾乎不自己開發，而利用產業間諜直接用偷的。

　　大致來說先進國家每年投資在技術開發的金額約佔GDP
的2%以上，但是中國始終低於1%，直到最近才好不容易有
1.2%。中華人民共和國自建國以來，就以竊取產業及軍事技
術為國家政策。使得歐美日各國的各界都有中國軍事、產業
間諜活躍其中。

　　2003年8月美國的FBI甚至指出「美國的最大威脅就是中
國的間諜。」

　　2005年2月14日的時代雜誌指出，竊取軍事情報的中國
間諜橫行在矽谷，FBI查獲的案件每年以20%～30%以上的
比例急速增加。今後將以在美國國內留學的15萬名留學生為
對象以展開調查。

　　還有2005年9月，美國國防情報局局長Michael D. Maples
在下議院的司法委員會的公聽會上報告，中國的情報機關利
用在美國國內的科學家、學生、民間企業收集美國最新的軍
事情報。

　　不只美國，2004年12月位於上海的德國企業發現，中國
的技術人員盜走磁浮車的技術；2006年4月3日產經新聞報導
德國的週刊揭露活躍在德國國內各領域的中國間諜。

　　《獲得國防科學情報的來源與信息》（全250頁）是中國
國防科學情報中心的諜報教科書，裡面詳實說明了30年來中
國自海外獲得的科學技術情報及軍事機密的八成來自政府及
民間，剩下二成則經由盜聽、偷竊、收買及間諜衛星等手
段，另外還有透過研討會。

　　60年代到90年代，美國被偷的核子技術及軍事情報大多

是由3000多名的留學生、學者及空殼子公司來收集。透過他們，只要能偷得到的，核子彈、中性子彈、火箭等等軍事情報都一一得手。

　　其中最容易偷到的是產業技術。尤其要從對產業間諜沒有戒心的日本、台灣偷取產業技術是再容易也不過了。不只軍事技術及產業技術，也不論硬體或軟體，反正中國「統統都要」。

　　2005年在澳洲申請政治庇護的雪梨中國領事館的一等書記官作證在澳洲有超過一千名的中國間諜。另外還有中了中國美人計的上海日本總領事館館員，被強迫洩漏國家機密，苦惱的館員於2004年5月選擇了自殺。

　　吾人不可忘記，中國的傳統文化中，本來就沒有什麼「智慧財產權」的概念。5千年來，中國人對於想要的東西不論是土地，政權還是國家，都先巧立一個大義名份如：順天命、易姓革命、土地革命，再強奪豪取才是中國的傳統文化。

強調「和平」的中國軍擴

　　只要日本的輿論一提到「中國威脅」，就立刻會有反駁的文章、論文出現。其內容不外是主張「中國和平崛起」。中國也透過世界各地親中學者大力宣傳「中國和平崛起」：中國經濟的繁榮，以及中國的經濟將造福全世界等等論調。

　　雖然，「21世紀是中國人的世紀」，但是中國的GDP
目前仍只有日本的1/3。印度是日本的1/8，俄羅斯爲日本的
1/12。三個國家加起來也不過日本GDP的1/2。

　　況且，中國的對外依存率高達70%。連自力更生都談不
上，充其量是依附生存。中國的經濟尚未對世界造成威脅，
倒是漫無止境的軍事威脅到了全世界。

　　感到中國軍事威脅的不只鄰國，還包括歐美各國。即使
這樣，中國也不放慢腳步。日本也是到了最近才有外相麻生
太郎及民主黨前原前代表才分別公開指出「中國威脅」，算
是朝野的共識。但是也還是有否認中國威脅的政治人物，如
被東京都知事石原慎太郎譏爲「神經不是普通的大條」：民
主黨的鳩山前幹事長。

　　2004年10月中國核潛入侵日本的領海，也讓世界重新認
識到了中國的海洋志向。台灣有事之際，爲了牽制美國的艦
隊，必須越過日本才能出太平洋。因此此舉被視爲台灣有事
之際的事先演練及海域的調查。中國則藉口說是因爲技術上
的失誤因此「不小心」誤闖了日本海域，並且反過來指責日
本小題大作。

　　但是中國的潛艦多次入侵日本的領海，其戰略性的目的
是司馬昭之心。日本的媒體也大幅報導了事件的經過，但是
要不了多久便沈寂下來，將日中關係的焦點轉移到「都是首
相參拜靖國神社」。

　　中國在冷戰後不停地軍擴。中國政府不停地說明這是
「爲了世界和平」。然而不論是中國的民運人士或者美國的

政府官員，都相繼指出，中國已經從江澤民的軍國主義，變質到胡錦濤的法西斯。

根據美國國防部所公佈的中國軍事力報告書中指出，中國雖然自稱2005年的軍事費用為299億美金，但是實際上卻是其2～3倍的900億美金，並且為其不透明的軍事費用感到不滿。

中國自90年代便以十分強硬的態度宣稱要對台灣動用核武，不聽話就打，就是戰爭。以800枚飛彈對準台灣，並且還在每年增加中。

中國這樣的做法就是名符其實的「文攻武嚇」。不只對台灣，中國的少將開記者會時也恐嚇要對美國使用核武，反日遊行時，也高舉要對日動用核武的牌子。

中國軍及中國國民認為，核子戰爭不可避免。一旦核子戰爭開打，擁有世界頂級洲際彈道飛彈技術的中國一定會在這場戰爭中獲勝，那麼中國就可以在核戰後的下一個世代中再度稱霸世界。然而這種過度的自大及自信，才是中國對世界的最大威脅。

華禍是21世紀人類最大的威脅

西洋盛行黃禍論是在日清、日俄戰爭之後。當時西洋諸國所謂的黃色人種，並非指所有的亞洲人，而是指日本人，並視其為西洋的威脅。

　　主張日本人是威脅的「黃禍論」，也影響到了政治。
譬如美國及歐洲都制定了限制日本人移民的排日移民法。戰
後，日本成為經濟大國，西洋再度視日本為威脅，而有新黃
禍論，並且有所謂的排日運動。

　　原來黃禍論便帶有西洋人對東方歷史性潛意識的威脅
與恐怖感，如：古代希臘的波斯帝國、蒙古帝國、土耳其帝
國……等來自東方的入侵，使得對來自東方的恐懼深植在西
洋人的記憶中

　　在黃禍論高漲的時代，也有白禍論與黃禍論相對抗。
「黃禍只是空想，白禍是現實」。對被殖民的亞洲各國來
說，的確白禍論才是真正的惡夢。白禍論的說法也擴展到了
全世界。

　　進入20世紀之後，威脅世界的是以社會主義「世界革
命、人類解放」的「赤禍」。俄羅斯在革命之前便已經南下
擴展勢力，革命之後「赤禍」遍及全球。

　　到美蘇冷戰終結為止，日本國家最大的的課題是「防遏
赤禍」。吾人不可忽視的是，20世紀最困擾日本的並非中國
的反日，而是「赤禍」。

　　但是自從日中戰爭後直到今天為止，日本也一直面臨
「華禍」的問題。「華禍」和「白禍」、「赤禍」的性質不
一樣，其內容非常的複雜，而且「華禍」並非單純的軍事威
脅。

　　中國最少在90年代後，以民族主義、愛國主義教育取代
了社會主義意識，並且以「復興中華」為目的。

　　中國即使導入了資本主義經濟，但是仍然堅持時代錯誤的「四個堅持」，不願意放棄無產階級專政，並且自豪為「最具有中國特色的社會主義」。

　　「華禍」之所以複雜的原因，和中國國內的矛盾表裡一致。中華思想的中華之民，仍然夢想再興中華帝國。因此，積極地想要在經濟上、軍事上成為世界的霸權。

　　因此，中國完成急速的經濟成長政策，每年軍事費以十位數字成長；但是一面又以最貧窮國家向世界各國敲竹槓。這樣的中國在世界只會越來越孤立。

　　譬如很明顯地，中國過度干涉日本的內政。不管什麼理由，把已經成為過去的歷史問題當作外交牌來攻擊日本宗教的靖國神社、教育的教科書，都是中國霸道的表現。

　　對越南的「懲罰戰爭」、對台灣的文攻武嚇也是中國領土擴張主義的冰山一角。由於中國把對他人的軍事恫嚇當作家常便飯，使得「華禍」很有可以能成為現實，威脅世界。

　　除此以外，在世界資源爭奪戰中，中國超乎常識的態度也令世人驚訝。中國根本不管國際常識，將智慧財產權視為無物，允許仿冒。並且放任有毒食品及假藥流向世界。

　　公害、環境污染、疫病等等以中國為中心向世界蔓延。還有無數的偷渡客，潛伏在世界各大都市的角落；黑暗人口犯下的凶殺案讓當地人活在恐懼之下。

　　這些都是中國體制所帶來的歷史副產品。「華禍」肯定是21世紀人類最大的災厄，為世界只帶來了危害的要因，而沒有正面的要素。中國到底什麼時候才會對人類有貢獻呢？

還是要這樣繼續成爲世界的負擔？

第五章

死不認錯的中國人

都是別人不對

　　大多數的中國人都覺得千錯萬錯都是別人錯，自己一定沒有錯。2006年2月，一位中國人媽媽殺了兩位幼稚園的小朋友，震驚了日本社會。

　　雖然，也有人對中國人媽媽在人生地不熟的異鄉育兒表示同情。但是她認為自己的女兒在幼稚園和其他小朋友相處不好，都是其他小朋友不好，於是便當著女兒的面在上學的途中殺了鄰居的兩個小孩。「都是別人害的」的犯案是很中國式的想法做法。

　　這種心理非常的中國。日本人不但不會這樣想，也絕不會因為這樣而殺別人的小孩。

　　2002年在大分發生了一件一位中國留學生殺了身份保證人的老夫婦；另外2003年在神奈川工地，中國留學生殺了請喝茶的老夫婦，理由是「能請人喝茶想必有錢」。從恩人或對自己親切的人下手，是中國人犯案的模式。

　　中國就是這麼沒有互信的社會。在中國能相信的只有自己。退一步來說，中國人相信起碼自己絕對沒有錯。這種沒有根據的自信，也讓中國人產生莫名的優越感。

　　中國人一直認為自己是「文明開化」的文明人，將四周的鄰國視為夷狄，中華思想正是這種自以為是又自信過頭的錯覺。

　　中國老認為自己絕對地正確，這種莫名的自信正是要求日本「正確認清歷史」的原動力。中華思想使得中國學者缺乏客觀研究的能力。不僅如此，還可以拿捏造的史實如「三光作戰」、「田中奏摺」等要求日本要「認清歷史」。儘管中國人一再主張「鐵證如山」，但是卻早已被專家學者證實僅為中國人的幻想及捏造。在2005年中國政府的學術研究機關——社會科學院日本研究所所長蔣立峰終於承認，「田中奏摺」不存在。

　　但是，中國人還是面不改色，照樣臉不紅氣不喘地繼續要求別人要「認清歷史」。中國人是死不認錯的民族。在文化大革命時，「死不認錯」也常常被用來批鬥、指責別人。

　　如果要中國人認罪，等於是要他毀了自己的一生。千錯萬錯都是別人錯，我沒有錯，就算我有錯一定是別人故意害我錯。結果是什麼都有理由，什麼都有藉口，都可以拿來當逃避責任。反正我就是沒有錯的思考方式，造成了自我本位的社會。

　　先前已經提到的中國潛艦入侵日本領海的事件也是這樣。中國政府說：千錯萬錯都是技術出了差錯。不但不道歉還反咬日本「小題大作」。另外2005年4月在上海發生的反日暴動中，日本領事館遭到暴徒的攻擊，中國仍然不道歉，反而指責是日本的「態度不好」，才導致問題發生。

　　中國人的過度自信，常常發展成外交問題。1995年李登輝前總統訪問美國的母校。當時仍是台灣總統的李登輝，表明希望在美國母校康乃爾大學演講。美國下議院以396票贊

成，0票反對，全體一致通過贊成。上議院的投票中也僅有一票反對。

議會民主國家的美國當然得接受這樣的結果，即便總統也無法推翻議會的決定。但是中國卻動員了所有的媒體批評美國干涉中國的內政。

最後以軍事演習為名，在台灣海峽發射飛彈來表達自己的不爽。

這時，中國政府又做了令全世界目瞪口呆的行為。其一是外交部長錢其琛的發言。錢其琛公開表示，台灣的遊說團體花了一千萬美金買通了美國上下議院。

美國上下兩院加起來總共500位議員，一千萬如何買通500位議員？「買通」是中國的文化，議會民主主義國家根本不可能有這種大規模的買收事件。共產主義的中國以小人之心度君子之腹，最根本的原因在於中國根本不懂什麼是民主主義。美國當然不同於樣樣可以收買賄賂的貪污大國中國。中國這樣的發言是對美國議會最大的污辱及中傷。還好世界也已經蠻習慣中國的沒常識。若要對中國的沒常識一一回應，實在煩不勝煩，美國想聽聽笑笑就算了。

沒想到中國竟然得意了起來，之後江澤民的言行才令人跌破眼鏡。

江澤民要美國議會好好地「反省」，並且謝罪道歉。連別國的議會都如此露骨地干涉，恐怕只有老以為自己最對、最大的中國才做得到。

投機主義的中國人

中國執拗地要求日本要「認清歷史」是在1982年的「歷史教科書誤報事件」。從此以來，中國只向日本要求要「認清歷史」。

中國以「歷史教科書」當作外交的一張牌，仿彿日本教科書歸中國管。韓國看到中國的做法，便也有樣學樣地模仿了起來。

韓國也發現到，把日本的教育問題發展成外交問題，是一張非常好用的外交牌。而中國、韓國的策略之所以能成功，也有拜日本國內的「反日勢力」。內外的呼應成就了反日的氣運。

反日的趨勢在中國韓國雖然有效，但是對台灣沒什麼效果，因為台灣人很明白中國的歷史觀要倒著看。

中國所謂的「正確歷史」以捏造居多，只要稍微檢證中國的主張，便可以明白。高麗便是一個很好的例子。

根據歷史，很顯然地高麗王朝與中華王朝對抗了數百年，而且高麗位於長城之外，也就是「塞外」、「關外」，換句話說是「外國」。但是中國卻主張高麗只不過是中國的地方政權。朝鮮及韓國當然十分生氣。

要求日本要「認清歷史」，與中國國內是否「認清歷史」完全是兩回事。中國人絕對的優越感及投機的性格產生

了中國人獨特的歷史觀，這種「歷史認識」在中國雖然行得通，但是出了中國就不行了。

所謂的歷史觀可以說因人而異，甚至可以說世界有多少人口，就有多少不同的歷史觀。歷史觀也不應由國家、政府來指定，除了極權主義的國家以外，由於民族、語言、宗教、文化、文明、甚至利害關係的不同，就有可能產生不同歷史觀。

即便是中國國內自古以來，也有歷史觀的對立。近現代，同樣是中國共產黨內部也有不同的歷史觀。中國有史以來便有「史論」、「史辯」、「史疑」等論爭。

另一方面，中國要求日本「認清歷史」，也源自於中國共產黨內史觀的對立。當權派想要利用日本對中國的言聽計從來壓制反對派的勢力。

因此自文革以來，日本便被中國內部的對立耍得團團轉，日本人應從歷史中學取教訓。雖然中國早在1982年之前，便把「認清歷史」掛在嘴邊，但是這範圍僅限中國力量所及之處，倒也不曾要求「蠻夷諸國」「認清歷史」。

中國最初主張要「認清歷史」的是孔子所編纂的《春秋》。《春秋》確立了尊王攘夷的民族主義史觀。之後司馬遷纂的《史記》則確立了「皇帝中心」的史觀。

司馬光的《資治通鑑》則確立了正統主義及中華思想的史觀，劉知幾的《史通》是中國第一本將華夷並列並且對等論述的史論，到了社會主義的中國，以馬克思、列寧思想為基準的革命史觀成為中國唯一的史觀。

只要和唯物史觀相左的論調都受到徹底的箝制及壓迫。

現在中國對日本「認清歷史」的要求，正是「只有中華有解釋歷史的權力，日本沒有」的中華思想。要日本照中國的「正確歷史來寫」，不如直接叫日本廢止教科書檢定制度，採用中國共產黨的歷史教科書還比較快。

政治決定如何解釋歷史

民族、國家、宗教、文化、自我認同、利害關係的改變不但可以使歷史觀，甚至世界觀、人生觀都會改變。目前中國以革命史觀及階級史觀做為骨架。

文革後，轉換成改革開放路線，並且有所謂的「一個堅持」：史論史說以唯物史觀為基本，以極權主義史觀來解釋正史。

日本國內也有迎合中國史觀的學者，再加上一部份的政治家還嘗試想要在日中韓製作「亞洲共通歷史教科書」。不僅在中國國內，連日韓都有這樣的現象，可以說是全體主義史觀的陰魂不散。

中國是多民族國家，也是多文化，多文明共存的複合社會。為了要建立統一國家，必須讓國內的多民族放棄自己的色彩、傳統文化及文明，以塗上「大中華民族」的統一規定色。

自辛亥革命以來，在五族共和的口號之下，並未成功地

創造出「中華民族」。到了中華人民共和國政權之後，為了創造中華民族，不但否定「大漢族主義」，同時也否定「地方民族主義」（蒙古、西藏、回族等諸民族主義），並且批評宗教為人民的鴉片。

進入1980年代，社會主義面臨了空前的危機，「大中華民族主義」，與「愛國主義」運動再興，而這類運動必須有統一的史觀才能成功。

諾貝爾獎作家索忍尼辛曾經指出，蘇聯崩壞的原因是因為社會主義意識型態無法超越克服民族及宗教。中國的中華文明（漢文明）雖然有五千年的歷史，但是至今仍有5、6族的存在，說明中華文明已經到了極限。

大漢民族主義雖然極力想擴大中華民族主義，但是卻徒勞無功。譬如對於有史以來未曾有過共同歷史的西藏，中國說來說去只能主張「絕對不可分的領土」，而對西藏進行軍事佔領。

中國主張自己是為了要解放西藏的農奴，並且自比為林肯，想要以此正當化侵略的軍事行為。西藏人當然不領情。維吾爾及回族的京師是麥加，不是北京。

不光是民族問題，光同樣漢族的國民黨與共產黨的歷史觀便差了十萬八千里。譬如以歷代王朝末期的民亂來說，國民黨史觀視之為匪賊的反亂，共產黨史觀卻視之為農民革命。

即便是壞事作盡的唐末黃巢之亂，明末的李自成等在共產黨史觀都是農民革命的英雄，值得讚揚表彰，甚至還替他

們蓋了歷史紀念館。

中國人還主張古文明中唯一不曾亡國的只有中國。

也就是先前所述的「神州不滅」歷史觀，不過這也是非常近代才有的觀念。

「國破山河在」的詩人描寫的就是亡國的意識。在元朝蒙古人的統治之下，才開始有「恢復中華」的意識。反過來說，就是因為亡國，才想要「恢復中華」。既然這樣何來「神州不滅」呢？

中國人是非常善於精打細算的民族。中國人對已經成為過去的歷史「是否為真」沒有興趣，重要的怎樣善用歷史的解釋來使自己從中獲益。

所謂的中國人與其說是同民族，不如說是同樣用漢字的文化集團。換句話說，漢字可以說是他們共通的的自我認同。結果連使用漢字的日本人最後也被視為「同文同種」。

中國外交部所出版，強調「善鄰」的官方書籍，也大大謳歌中日「同文同種」，並且共有中華思想。

從以上可以知道，中國人所謂的「認清歷史」有多草率，並且可以「因時制宜」、「看情形」。中國人最討厭的就是「背祖」及「漢奸」。

中國自有史以來，不停地被北方的騎馬民族所征服。中國人的祖先有奮戰，也曾被逐出中原，到了清朝時變成了「奴才」。

征服王朝的時代，大部份的中國人放棄反抗，於是「沒法子」只好做「奴才」。結果到了今天，其後代卻堂堂主

張，征服王朝的「主子」其實是「祖先」。照中國人的邏輯，可以稱之爲「認賊作父」。

異民族只要君臨中華世界，中國人之後一定會將其列入「自己的祖先」，譬如蒙古人的成吉思汗。由於成吉思汗的孫子忽必烈征服中國，未踏上中國的成吉思汗被追諡爲元太祖。努爾哈赤的孫子順治皇帝統一中國之後，他們一下子都變成中國人共同的祖先。

也許這樣的做法是爲了撫平中國人「神州滅亡」的傷口。國學大師的錢穆和梁漱溟等，提倡中國不是被異民族所征服，而是用文化融合同化了異民族。因此以文化戰勝異民族是中國人的驕傲。

中國文人相輕的理由

學者和知識份子在世界各地都受人尊敬，只有中國例外。從前中國的知識份子可以功成名就，也有人望，不過卻逃不了受到輕蔑的命運。

孔子將人分成兩種：君子和小人。依常理來推想，有智識有教養，明白道理、「有德」的人爲君子，無知無學「無德」的是小人。但是實際的分類卻和「德」沒有關係。

因爲在中國有德的君子不一定貢獻社會。秦始皇之所以要「焚書坑儒」，其原因不僅因爲秦始皇是暴君而已。

戰國時代的法家韓非批評戰國時代知識份子及武人的

胡作非爲。韓非說文人拿筆，武人拿劍攪亂社會，應該用
「法」來糾彈這些人心的行爲。韓非對文人的批評記錄在當
代的鉅作《韓非子》。

　　知識份子常被當作安定政權的工具。隋唐時代開始「科
舉」制度，唐太宗在殿試後，接見了合格的最高文人——
進士。唐太宗興奮地低呼：「天下英雄都在我的掌握之下
了！」之後，文人和權力便有密不可分的關係。

　　清初大儒顧炎武曾經這樣批評科舉制度弊病：「八股之
害，等於焚書，而敗壞人才，有甚於咸陽之郊！」

　　由於文人和權力癒著關係，也使文人招來殺身之禍。
後梁時代的文人便被武帝屠殺殆盡。到了元朝，儒者被打成
第9級，介於乞丐和娼妓的中間。到了文革時代文人被叫做
「臭老九」，成爲批鬥的對象。

　　魯迅在其著作中記述了文人在中國飽受嚴屬批評等事
實。在柏陽的《醜陋的中國人》中稱中國的知識份子是「大
醬缸中的蛆」。

　　「文人相輕」是中國文人的傳統，也是社會對文人的認
識及印象。並不是說中國文人都一定爲體制及政權賣命，但
是願意挺身爲社會，對抗權力的文人太少，不，應該說敢和
政權對抗的文人，在中國都是例外。

　　中國文人一旦離開體制，便得接受十分嚴酷的社會條
件。大多數的文人一旦離開體制，就難逃被彈壓、孤立、流
放的命運。

　　中華人民共和國建國以後，超過半個世紀，中國的學

者及文人被視為卑下的人種。民眾也不相信「文人」，因為「文人」只為當權者喉舌，把人民當作傻瓜。因此學者在中國常被認為是政府的走狗不值得信任。

劉賓雁、劉曉波的著作中詳細記述了中國文人的醜態，其內容令人不得不同意中國文人為何會被輕視。還有到海外留學的中國學人及知識份子，在愛國的名義之下還肩負間諜的工作。

就算有點良心想逃也逃不了，這是中國知識份子的宿命。

貽笑大方的中國領土主張

中國人的常識不同於世界其他各國，近代的邏輯思考在中國是行不通的。中國的主張怎樣都以自己為中心，以自己的方便為方便、喜好為喜好。而中國的主張中最荒唐的就是有關領土的主張。即使到了近代，中華人民共和國和近鄰諸國間的國境紛爭也都是因為中國無厘頭的主張。

領土的紛爭和中國傳統的版圖觀有關。「天下王土」是古代中國人的領土觀，換句話說，古來中國沒有邊境或國境的概念。

戰前日本常提到「支那非國論」及「支那無國境論」來自於古代中國的天下觀。中國人認為全世界的領土都是中國領土，「天下莫非王土」的想法自古以來不曾改變。

　　問題是都已經21世紀，已經是近代國家的現在，仍然
繼續這樣荒唐的主張。現代的國際社會是不會因為古書怎樣
寫，神話怎樣說而承認中國的領土，中國若老愛提這種神話
主張，就永遠無法變成近代人。

　　蔣介石所著的《俄國侵略史》以及《中國近代地理小
史》是學校指定的副教材，其中寫道：中國廣大的固有領土
遭到帝國主義的侵略。這樣天花亂墜的主張在國際法及國際
常識是行不通的。

　　難道只要曾被中國征服過，就是中國「絕對不可分的領
土」的主張和黑道的理論相去不遠。

　　任何國際法都沒有「固有領土」這個中國獨有的專門名
詞。中國所主張的固有領土本來也不是中國固有的，大部份
是蒙古人及滿州人在征服中國時代，由滿州人及蒙古人所征
服的。

　　中國卻趁勢主張滿蒙的征服地也是中國不可分的領土。
好像印度從英國獨立後，主張曾經是英國領土的加拿大及澳
洲也是印度不可分的領土般地可笑。

　　中國喜歡引經據典，認定古書裡的某個地名，就是現代
的某地，以此根據、主張古書證明某地其實就是中國神聖不
可分的固有領土。沒衛生又沒常識的中國主張在現代國際社
會當然是行不通的。

　　譬如有關領有台灣，中國也沒有科學推論或證據，便一
股腦地堅持古籍上的「東鯷」、「壇州」、「夷州」、「流
求」等地名，就一定是「台灣」。還說《三國志》的〈吳志

‧孫權傳〉曾經提到過台灣：「黃龍二年（230年）春，遣將軍衛溫、諸葛直將甲士萬人浮海求夷州及澶州，澶州在海中，……所在絕遠，卒不可得至，但得夷州數千人還。」

拿這段文字當作「台灣是中國固有的領土」的「證據」一點都沒有說服力。如果這個可以當證據，那麼，如果日本和中國一樣從中國、或朝鮮「得數千人還」，就可以證明中國和朝鮮是日本絕對不可分的領土嗎？

中國學者的主張常常令人噴飯昏倒。當中最可惡的是，一面引用古籍，一面捏造事實。

譬如，中國學者主張自從強抓數千台灣原住民之後，長達2千年以來，都有1萬～2萬的中國士兵保護著祖國的領土——台灣。但是別說有中國保護台灣的記錄，根據《三國志》中〈吳志‧孫權傳〉的記載，還有完全相反的記錄：「民猶禽獸，得其民不足濟事，無其兵不足虧眾。」

實際上有超過100本以上的中國古籍記載「台灣不屬於中國」，但是中國仍繼續主張「台灣是中國絕對不可分的領土」。這不是歪曲歷史是什麼？

中國的領土主張就這麼荒誕無稽又沒有良心。如前述，中國甚至連西伯利亞都說是自己的領土。

如果真是這樣，中國為什麼要建萬里長城呢？萬里長城不就是中國人所建造的人為國界？對中華帝國來說，北方民族是最大的威脅，不論從文化或是生態來看，長城以北就是塞外、關外是異文化，也是異族。

有史以來，中國是南進的文明，也是向南擴大民族的國

家。而俄羅斯的西伯利亞開發，有其開東方開發史。俄羅斯開發西伯利亞就是侵略中國，不是胡說八道是什麼？因此赫魯雪夫曾經怒斥：「中國再這樣拿神話來要求領土的話，便視其爲宣戰。」

尼泊爾的首相曾這樣諷刺：「中國有史以來都沒有人爬上喜瑪拉雅山的山頂，還真敢說喜瑪拉雅山是中國的領土。」

列強時代的19世紀，列強互相買賣領土。早在明治維新的一百年前，法國向米蘭買了科西嘉島，於是拿破崙成爲法國人、科西嘉島也成爲法領。

這種銀貨兩訖的買賣使其所有權非常地清楚，並且其道理也講得通，但是中國所主張的領土觀卻非常地沒常識。中國和印度，蘇聯、越南等諸國所引起的紛爭都來自於中國的領土觀。

還是只是給鄰國難題，故意引起紛爭，以勒索來達成特定的政治目的。

無視這樣的歷史，東海、南海上的無人島、暗礁也根據神話主張是中國固有的領土，找碴的方法和流氓的一模一樣，難怪中國人在國際上討人厭。

中國人什麼都要和政治牽扯不清

中國人沒有宗教心、是個世俗的民族。中國人最相信的

是「錢」。而支撐中國這個世俗社會的是現在中國的政治。

因此也沒有比中國人更喜歡政治的民族。當然也有討厭政治的中國人，但是不管喜歡與否，政治深深影響中國人的生活，只要活在中國就無法逃出政治的糾纏。

文化大革命時常說的「政治掛帥」，就是這個意思。在「政治掛帥」的社會中，不管喜歡不喜歡，政治就是日常生活的一部份。全民被強制「政治學習運動」，就算不工作，也得學習政治。

不熱心學習的人就難逃「鬥、批、改」（鬥爭、批判、改造）的命運。

中國的隱遁思想源自於對政治，及社會的逃避，但是在中國連隱遁生活也不被允許。遠在3千年前的周太公望——呂尚進封地——齊的時代以來，便視隱遁為對人民的犯罪。「帝力於我有何哉」的態度也不可原諒。

政治的遠心力將所有的事物都拉回政治的世界。

本來老莊思想所提倡的「無為」、「自然」，就是非政治、反政治的逃避思想。

漢初，出於對秦始皇時代苛酷的「法治主義」的反動，文帝、景帝時代採用反政治的「老莊思想」，又被稱為黃老之術，也就是「無為而治」的「自由放任主義」。後世稱這段漢的黃金時期為「文景之治」。

在中國不只思想和政治有關，一些枝末細節也可以和政治搭上關係。在文化大革命的時期，連打哈欠及打噴嚏都可能有政治的意義。政治融入日常生活的每一個角落。

不要說不管政治，連對政治不夠關心，都可能因此被肅清。特別是在文革的時代，政治深入到各個角落。因此不僅批評毛澤東是政治的行為，批評文豪魯迅也是政治的行為。

文革時代《水滸傳》及《紅樓夢》等古典小說也成為政治批評對象；在日本《義經記》或《源氏物語》是不可能被拿來當作討論現代政治的材料。

但是在中國卻可以，這是日本人無法想像的。中國人稱之為「指桑罵槐」。

中國的歷史論爭就是政治論爭，歷史就是政治，同時有關學術、藝術、宗教的論爭都可以還元到政治，作為鬥爭的工具。

因此以中國的政治觀來看，不論是日本的教科書、靖國神社、日本的司法、甚至日本人的一舉手一投足都是「政治」的問題。

將這些「政治問題」轉換成外交問題是中國外交的手法。

絕對的不寬容

在中國什麼都可以和政治扯上關係。不論是經濟、宗教、藝術、運動等領域，都可以和政治牽扯不清，並且還原到政治，連聖俗、宗教也難逃政治的操控。

這和梵蒂岡的教宗、伊斯蘭的國家，達賴喇嘛及日本天

皇完全不同。要了解中國，只要了解中國的政治就可以了。

　　日本高叫要「政教分離」，在中國這是不可能的。中國政界和經濟界的癒着超過日本人的想像，因此中國不像日本有「財界」或經濟人。

　　經濟是政治的附屬品，是中國自古以來的常識。不論多有錢，就算是富可敵國，只要觸怒到皇帝，一眨眼就可能被一族誅殺，其財富立刻被其他的當權者奪去，這是中國富豪的命運。

　　以現在世界的常識來說，政治盡量不介入運動，但是中國卻不是這樣。譬如1971年的中美乒乓外交；1994年李登輝前總統被邀請出席在廣島舉行的亞洲大會時，全世界都見識到中國如何利用政治強力介入運動。

　　文革時，國際考古會議在巴黎召開。當時在巴黎的朋友告訴我，中國拒絕出席該項會議這也就算了，但中國還寄了一封荒唐的信，臭罵主辦單位。

　　意思是說：你們這些美帝的走狗，想要利用國際會議趁機剽竊中國偉大的學術成果。如果再不知悔改，就要狗頭落地啦！

　　當時，中國視阿爾巴尼亞以外的全世界為敵人，而中國人反美，反帝國主義的「義和團」心理造成了這樣的行為。

　　對中國人來說，不但什麼都和政治有關，而且中國的政治是絕對地不寬容。戰後，進駐台灣的中國軍屠殺台灣人的二二八事件，也是來自於中國人對政治的不寬容。

　　事件當時，活躍於台灣政治、經濟、文化等各界的領

袖歷經日本統治的時代，從日本學到了近代的知識及近代生活。他們不但是台灣的菁英，並且對台灣社會有很大的影響力。

中國軍為了要將他們對台灣社會的影響力連根拔起，於是進行了大屠殺。其中包括許多高中生及大學生。為了統治台灣，國民黨政府有計劃地消滅台灣的菁英。

我好友的哥哥非常地喜愛音樂，可以說只要是音樂都喜歡，只因為他彈了共產國家作的曲子，便遭到逮捕，之後病死在獄中。我的同班同學因為在蔣介石的銅像前擺了拳擊的姿勢，之後不曾回到學校。

他當然沒有冒犯蔣介石的意思，頂多也只是出於好玩惡作劇，但是中國人的政治就是這那麼地不寬容、冷血。

中國利用反省、謝罪

中國強迫別人反省、認罪，但是自己絕對不反省。不但自己不反省，還利用別人的反省來證明自己絕對地正確。不論是教科書問題，或者靖國問題，80年代以後，中國利用要求日本反省的對日政策來證明中國共產黨的領導正確。

中華人民共和國成立以來，一直都採取這樣的對日路線及政策。人民共和國樹立初期到文革期間，整個中國充滿了自信。當時中國人堅信，中國不久就要超英趕美了。

在全民向前衝衝衝的中國的眼裡，日本只不過是美帝

的走狗。中國人相信，有一天走狗得向中國搖尾乞憐，但是舉國進行的大躍進及大革命卻一個接一個地失敗。中國共產黨將原因歸咎於四人幫，問題是人民當然不接受舉國運動的失敗只是幾個人的責任。因此，爲了避免責任追究到共產黨上，於是製造了共產黨與人民的共同敵人：那便是日本。

此後，中國像在找碴似地不停地要求日本謝罪、反省，以此培養國內的愛國主義及民族主義，同時藉此防衛社會主義體制。

特別是80年代以後，中國對日本要求「反省」、「謝罪」的語氣越來越強，漫無止境地要求日本爲「侵略戰爭」的「謝罪」及「反省」成爲中國的國家政策。

就世界的常識來看，所謂「侵略戰爭」的賠償等法律問題在締結「舊金山和約」時，在法律上便已經解決。

中國公佈的八年戰爭犧牲人數從大戰剛結束時的3百萬人，跳到1千萬、2千萬、3千萬、及3千5百萬。仿佛戰爭還沒結束般地每年增加。2005年又大大地紀念終戰60年，媒體大合唱反法西斯。

說穿了，這些都只不過爲了要逼別人反省的表演。可是一旦跟自己的過錯有關時，又立刻三緘其口。

人民共和國自建國以來，才50年，在三反五反運動、反右派鬥爭、大躍進、文革等犧牲的人數據說便高達7千萬～8千萬。但是中國共產黨卻不曾爲此道歉，甚至也不曾表示過反省的意思。

本來，中國共產黨，或現政權的國家領導人，或者有良

心但是曾經沈默的中國人都應該反省這段歷史。但是卻只有對日本，在已經過了60年，不論當時的「加害人」或「被害人」都已經凋零，中國仍不停地要求日本要道歉。

恐怕即使到了孫子那一代，中國還是會繼續要求謝罪及道歉。本來，如果能這樣要求日本反省道歉，那麼對自己國家政策失策也應當會追究反省。但是中國之所以為中國不是沒有原因的。

中國共產黨目前仍未清算屠殺自國國民的文革及天安門事件，因此民運人士的不滿從未獲得解決。

問題是，中國政府完全沒有反省的意思。2006年同時也是文革40週年，本來也應該和「抗戰60週年」一樣大大地紀念，好讓「前事不忘後事之師」。

實際上，黨內不但沒人提到文革，有關文革的學術研究已經變成禁忌。到了胡錦濤時代，這個傾向更加地明顯，可以說已經進入「情報鎖國」的時代。

也許有人會說，中國是在共產黨的政權之下，才成為情報鎖國的國家，孔子的時代，是「吾日三省吾身」，不過這也不正確。

中國的古典通常都和現實社會太脫節。不論古典怎麼說「吾日三省吾身」，每天不反省的人肯定比每天反省自己三次的人多太多。

孔子說過要「吾日三省吾身」，和中國是否為每日三省吾身的社會，是兩碼子的事。不論書裡寫了多少「仁」、「義」，社會中是否真的有「仁」、「義」才比較重要。

　明末儒學者李卓吾在其著作的《藏書》中，這樣批評中國人：「名爲山人，而心同商賈，口談道德，而志在穿箭。」

　本來，中國也曾要求英國要反省鴉片戰爭。但是英國卻說，英國以將不毛之地的香港成爲東方的珍珠爲榮。

　此後，中國要求英國反省的態度便收斂了起來。然而，日本卻是被講一次頭就更低一公分，於是才這樣漫無止境地被要求反省謝罪。

第六章

不相信別人的中國人

中國人的家庭教育從「不要被騙」開始

中國是個不相信人的社會。中國人不相信別人，不相信政府，連家人也不相信，最後連自己可不可以相信也會感到猶豫。如果一個國家的國民什麼都不相信，這樣可以稱爲國家嗎？能組成社會嗎？

中國自古以來，便是以皇帝君臨天下，統率萬民。中國本來指的是京師、王畿，或者其週圍的地方。所謂的「國」指的是分封給諸候的「封國」，或夷狄之國。

中國主要是農民及城市之民，不屬於以上這兩種的是「江湖」，譬如「水滸傳」裡的盜賊之地梁山泊。

中國人最嚮往的共同體，是可以聽得到狗叫雞鳴的「小國寡民」，到死都不必和外界往來的地方。這樣的夢想記述在《禮記》的〈大同篇〉，東晉時代的文人陶淵明更依此寫了《桃花源記》。

《桃花源記》是說武陵有一個漁夫迷了路到了桃林深處的村里，那邊住的是爲了逃避暴秦而隱居在此的後代。他們甚至不知道秦已經改朝換代，每天在此過著幸福快樂的日子。故事的主人在桃花源受盡款待後回家，想要再次拜訪時卻再也找不到路。

中國的「社會」與其說不存在，不如說還沒成熟，因爲中國自古以來是以家族及宗教做爲經濟社會共同體，或是以

同一文化的集團為中心，不同於日本的村社會及町人社會。

以氏族、宗族為中心的中國，到了中華人民共和國時代，被隔離為農村及都市。即使在現在，不要說農民要搬到都市，連要去都市都有重重的限制。還有在人民公社解體之後，將政府機構到企業、家族及所有的集團都稱作「單位」，所謂「社會」還沒有成熟。

中國人的「社會」是由血緣、地緣、學緣或者「幫會」而構成。「青幫」、「紅幫」是非常有名的幫會，近來具政治的色彩有「四人幫」及「上海幫」。

沒關係的「生人」、「陌生人」或者「圈外人」常常被當作凱子，也就是所謂的「欺生」。那麼只要屬於同個組織，只要是同志就會有互相信任嗎？林彪是毛澤東最親密的戰友，也是明記在黨章的繼承人，但是卻在逃亡中飛機失事喪失。

中國便是有這樣傳統的國家，只要踏出外面一步便都是敵人。在日本，父母教小孩「不能說謊」，在中國父母教小孩「不要被騙」。

謊話連篇的教科書

日本也是到了最近幾年也驚覺到中國反日教育的情形。特別是江澤民時代之後的反日教育。

本來，早在戰前，中國就有反日教育。不論上國文或者

上音樂課，都有教導反日，或促進仇日的內容。也有人說這是中日戰爭之所以開打的最大原因。

中國古來的教育，不是近代教育般的「國民教育」及「實學教學」。中國的教育以「勸善懲惡」為目的，因此教育的內容是確立「惡」、「敵人」，並且徹底打擊敵人，經由這種教育而培養所謂的「讀書人」。

現在中國的學校教育仍然是謊話連篇的教育，最糟糕的是學生得把這些謊話記下來。在中國，教學生共產黨如何如何抗戰、「南京大屠殺」、「三光作戰」，在台灣教「反攻大陸」、「大陸人民活在水深火熱吃樹皮」等等。所謂中國式教育就是將政權的鬼話連篇硬塞到人民的腦袋中。

從前的識字教育的三字經以「人之初，性本善」開頭，教導性善教育。

但是另一方面家庭教育教的不是「舉頭三尺有神明」而是「不要被騙」，這和學校的性善教育相互矛盾。

現在的中國以社會主義教育為國家政策，其教育的內容和現實乖離。譬如共產主義是以平等社會為目標，但是實際上卻是向錢看的拜金主義社會。學校教的與在家庭、社會現實的距離及矛盾越來越大。

如之前已經提到，在中國什麼都以政治為中心並且作判斷，也就是所謂的「政治掛帥」，但是這不是到了近代才這樣。

中國的歷史證明只要掌握了政權，首先便要進行強化政權的教育。當然，也包括教育上的歷史扭曲及捏造，特別是

歷史教育在中國便非常具有政治的色彩。

　　中國常常因需要而改變教育的內容及方針。譬如蔣介石教「三民主義」，毛澤東教「社會主義」。由於中國學校教育的內容謊話連篇，回到家裡，家庭教育便教「不要被騙了」，不然假話都會變成真話。

中國人的家族主義

　　對中國人來說，家族是最小的核心。「一人得道，雞犬昇天」，意思就是說，只要家裡有一個人發了，那麼連家裡養的雞狗都可以沾光得道，更不用說是其他的家人了。

　　有人昇天，當然也有跌到地獄的。反過來說，如果家裡有一個人犯罪，那麼搞不好九族全滅。本來中國就是以一族支配國家，因此只要親族中有人得寵，那麼就可以「姐妹弟兄皆列士」，不只血緣關係，有地緣關係的鄉親、學生或者想分一杯羹的統統會跑來拉關係，結果從政府機關到企業所有的利權都被「有關係」的人員搶取豪奪地霸佔住。

　　中國史上王朝交換時易姓革命，便是一族君臨天下，將國家全體家產制化。現代中國的政府機關及企業也都沒有跳脫「家天下」的形式。

　　現在歐美已經知道只要准一個中國人進入日本或歐美，之後至少會有20人陸陸續續地以依親的名義跟進來。的確，中國和西洋的個人主義社會不同。西洋的個人主義是在宗教

改革以後和資本主義共同發展，進而成為近代社會象徵。

另一方面中國的家族主義是中國文化的歷史產物，自認為「小中華」的韓國也相同，家族主義的特色是有強烈的祖先崇拜。

既然不論社會、文化都以家族及宗族作為基本單位，那麼其最小單位的家族的團結力十分地驚人囉？日本人常在這點弄錯以致於上了中國人的當。

過去中蘇也號稱是兄弟之國，中國共產黨的團結也號稱無比團結，但是在中蘇論爭及文革的時候，比石頭還堅固的感情，結果卻像豆腐。

的確在本能上，以生理的血緣關係所連結的家族主義看似堅固，但是比家族更堅定的關係還是「利害關係」。

另外家族主義有個最大的缺點，就是一旦利害關係起衝突時，一定會有內訌及內紛。中國的政治世界以內訌出名。從國民黨內戰、共產黨黨爭、各企業乃至各家庭都有內訌。兄弟鬩牆的分裂司空見慣，分裂之後的再分裂幾乎成定律。

這是因為中國人不要說是合夥人或家人，就算連父子兄弟也不見得完全相信。

兄弟相殘的中國史

1989年6月4日的天安門事件後，歐美各國嚴詞批評中國屠殺自己的國民，實施了經濟制裁，但是天安門的屠殺和中

國史上的屠殺比起來是小巫見大巫，歐美各國只拿「天安門事件」實在有點不公平，反而可能造成中國歷史只有這件屠殺的誤會。

如果追溯到毛澤東時代的屠殺、餓死，或者國共內戰、國民黨內戰的歷史就可以發現，中國的大屠殺往往是以數百萬、數千萬計的，更不用說中國有屠殺國民的傳統。

除了當權者的屠殺，在中國兄弟相殘也是家常便飯。若不知中國的這段歷史就無法談中國，「爹親娘親不如毛主席親」，文化大革命時由於子女密告父母，兄弟之間互相密告的慘劇不停地上演。

以梁漱溟為首的中國文化人，常常自豪說中國人的一個姓就比歐洲一個國家或一個民族的人口還要多。

中國人最自豪的就是人很多。還說「陳、林、李、蔡半天下」。如果天下只限定在中國，人口設定為12億的話，光是姓陳或姓林的人口據說就超過1億5千萬，光是中華世界的姓林的人口恐怕就比日本人口還多。

但是，人口這麼多可以算是國家的驕傲嗎？人口越多反而缺點也越多。「陳對陳抬刀仔相殘、蔡對蔡公媽槓槓破」正是揶揄同姓同鬥的俚俗。

中國還有所謂的「械鬥」，指的是省vs.省、縣vs.縣、村vs.村極為日常的亂鬥。如《史記》等25史便有詳實的記載。

中國的歷史並非因為北方騎馬民族的南下而改朝換代。真正的原因是因為農民的反亂而天下大亂，飢荒及疫病造成

大量的餓死、病死，及一族的互相殘殺。

譬如漢武帝在京師——長安父子相殺，唐太宗在玄武門兄弟互殘便是其典型，明朝也有叔姪相殺的靖難之變。能血肉互殺互砍是中國名君的條件。

晉的八王之亂及南朝的宋更因為兄弟互殺到一族殆盡沒有了繼承人而亡國。

如果回顧中國歷史，鄧小平的「天安門事件」算是小事一椿。

「中國人最講義氣」的神話

過去日本也相當流傳了「中國人一諾千金」的神話。為什麼會有這樣神話的出現原因不明，大概是戰後的中國專家、華僑研究家或者媒體開始流傳的。

的確也有一諾千金的中國人，但是大部份是不識字的華僑，所以把口頭承諾當作是正式的契約。不過也有的是怕「白紙黑字」將來會變成證據，所以只肯做口頭的承諾。

至於中國人會不會一諾千金，當然是看有沒有一諾千金哪個比較有利。如果一諾千金的利益較大的話，當然就信守承諾。

中國是人治國家不是法治國家，因此中國人對契約的觀念和法治國家契約觀念相去甚遠。如果中國人都一諾千金的話，那麼守信用在中國就是再平常也不過的事，日常生活習

慣犯不著這樣拿出來自吹自擂。可是中國人像是作宣傳似地特別強調，不免令人猜想是否另有他圖。

吾人不得不思考，中國人說破嘴地強調自己一諾千金的意圖。一定有很多聽信中國人再三保證「中國人一諾千金」之詞而被騙上當的台灣人。

口頭承諾時笑顏迎人，一到要履行契約時就變一張臉「我哪時這樣說過？」「有什麼證據？」接下來就要「拿出證據來，不然就叫你後悔！」，反而恫嚇對方。

中國人就是這樣，看機會的騎牆派，不把承諾當承諾。中國人民大學金融證券研究所吳曉求說：「中國人最缺乏的就是『誠信』。」

但是這樣的說法還算客氣。由於中國是人間不信的社會，不但缺乏「誠信」，也沒有守信的風氣。長年在中國傳教的美國宣教師A.H史密斯於一百年前的名著《中國人的性格》（Chinese Characteristics，1890年刊），便指出中國人不誠實的性格。

曾任京城大學教授的天野利武，在60年前的支那人民族性研究中這樣分析：「說謊，愛說謊，不誠直。」「詐欺，好陰謀。」中國人自己解嘲：「只有騙子是真的。」

日本有關華僑或中國的書，一定不忘寫中國人「一諾千金不用契約也不會倒債」、「華僑的人生以『信』和『俠』為目標」、「中國人最重視信義，信用及面子」。

中國社會絕對沒有這樣單純。

但是不論台灣人或日本人就是這麼容易被騙，被當作凱

子，呆胞。有關「華僑商法」寫說華僑「一諾千金」比契約
更有效等等，都是十分特殊的例子，除非有特殊的關係才有
可能口頭承認效力大於白紙黑字的契約。

　　要不然就是因爲「白紙黑字」會留下證據，爲了逃稅、
或者鑽法律漏洞只好口頭承諾。

　　就現實來看，就算打契約也不履行契約的中國商人太
多，而且華僑的經濟犯罪也是聞名世界。我有一位朋友是專
門處理商法關係的律師，在他經手案件的詐欺案件中有九成
和中國人有關。

　　因此和中國人做生意時，一定得「一手交錢一手交
貨」。日本商社在中國常遇到貨才裝上卡車，就突然發動引
擎整車跑掉的事情。跟中國人做生意就是什麼都得注意。

50%的貿易契約履行率

　　中國商人很會做生意，至於怎麼做生意就是靠一張可以
把死的說成活的不爛之舌，擅長「吊凱子」。但是說到要在
海外做大生意，那中國人就又不行了。

　　80年代日本曾經佔了世界市場的60%交易，其國際金融
資本超過美英德法總和。相對地，中國商人不要說一諾千金
連貿易契約都無法履行。六四天安門事件的那一年，根據中
國政府正式發表的資料指出，1989年中國的貿易契約履行率
只有60%。這幾年，根據中國經濟機構的統計，每年全國約

有40億件契約，其履行率只有50％。

在中國就算有契約書的白紙黑字，但是有時其拘束力等於0。因為契約書在法院幾乎沒有證據力，中國人根本就不覺得契約不履行或債務不履行有什麼大不了。中國最大的經濟問題之一就是「三角債」（債務不履行的連鎖）的問題，其總額約180兆日元左右。

根據「中國青年報」的調查，中國企業的營業額若有一半無法回收，就算是還不錯的。也就是有一半當做丟到水溝算是理所當然。而在中國的外國企業的90％都承認在中國發生過這一類的問題。

世界各地「中國人講信義」的神話早已經變成「中國人最亂來」的印象。但是中國人不可能輕易認輸。

「中國地大物博，所以中國人的器量大，沒辦法像小國小民的日本人一樣斤斤計較。而且什麼都要照規定，就會流為形式化，拘泥於契約是頑固缺乏柔軟性的作法。日本人的缺點就是死腦筋。」反而批評起日本人。

中國人的契約觀念，就是反正先打契約，之後有問題，再慢慢改成自己想要的樣子。但是日本企業的性格卻剛好相反，完全遵照契約行事，如果無法順利進行便改變計劃，綿密而仔細。

一板一眼的日本人對上沒關係沒問題的中國人，當然會出問題。何況中國人總是先拍胸脯保證「沒問題」，之後又敷衍「沒關係」，最後一定一堆「沒辦法」。

如果不了解中國人的性格，就很難和中國人做生意。外

國人在中國做生意總是要得繳很多學費，要上一次當才會學一次乖。

在懷疑、狡滑中生存的中國人

日本人喜歡吃當季的食物，以品嘗當季食物原有的味道，及特有的芬芳為樂。日本料理的特長是清淡的調味，除了避免抹殺食物的原味以外，也以襯托食物的原味來調理。但是另一方面，中國料理則以強烈的香辛料聞名。

這兩個的料理也象徵了兩國的國民性格。日本人重原味，中國人重調味。中國人的言辭和行動就和中國料理一樣，加了一堆，卻不知道吃進肚子的到底是羊肉還是狗肉。

日本在1960年代起便開始流行商業戰略的書籍。《三國演義》、《韓非子》、《戰國策》、《孫子》、《吳子》等兵法書及戰略古典，其數量之多到可以說是汗牛充棟。日本人努力研究這些戰略書籍學商法，中國人卻連不用讀這些書就還是很會做生意。

不但會交涉、處世，連拍馬屁都很厲害，可以說是與生俱來的天份。不僅這樣，中國自少便在爾虞我詐的社會中長大，如斯巴達的戰士般日日鍛鍊，能出征世界商場的中國人早已經是身經百戰的金剛不壞之身。

中國的思考模式和日本人完全不一樣，中國人戰略思考就是《孫子》的兵不厭詐。亞瑟‧史密斯說中國人的民族性

是「言辭婉曲」、「面從腹背」、「疑心暗鬼」。天野武利則說是「好詐欺、陰謀」、「重禮儀，虛禮」。

中國人在日常生活中，最常講的話就是：「眞的？」確認對方所講的話，或者商品的眞實性，可以說已經成爲中國人的習慣。

如各位所知，中國已經成爲世界最大的仿冒國，不管政府如何推行「打假運動」，連查仿冒的警察，都有假的。也就是這樣生活在假的日常中，使得人人疑心暗鬼。

因此，即使在標榜沒有假貨的「放心一條街」買東西，誰也不敢眞的放心買東西。店家低聲對客人說：「只給您瞧瞧眞貨。」然後認眞地說明如何區分眞貨及假貨。

老闆最想講的是其實只有自己賣的才是眞貨，其他的店賣的都是假貨，可以說是非常具有戰略性而且狡滑的買賣，這可以說是中國人的生存之道。

倫理道德是畫在書中的大餅

江戶時代的朱子學者稱支那爲「道德之國」、「聖人之國」。當時甚至還有朱子學者稱支那爲「我國」。

現在日本外務省內也有被稱爲中國幫的親中派官僚。親中派官僚當中，將中國視爲「我國」的人也不少。

江戶時代的朱子學者爲什麼會認爲支那是「道德之國」呢？因爲他們只讀過「四書五經」，以及「正史」所記載的

儒家倫理「仁義道德」，便信以為真。

　中國的經典寫的都是「仁義道德」、「五常」、「五倫」。能把這些統統記起來的就是「讀書人」。但是就算背得滾瓜爛熟，是否「有德」，是否因此能造福鄉里、社會卻又是另外一回事。

　因此，讀道德之書，滿口仁義道德的讀書人被揶揄為「道學先生」，而不受尊重。也常被罵為「假道學」，意思是「偽君子」。

　實際最愛高談道德的人，通常也有可能是最沒道德的人。就在孔儒誕生、道德只存在嘴裡及書裡的國家，發生了「打倒孔家店」的人民運動，也就是1919年的「五四運動」：意圖打倒偽善的道德，活在現實中。

　但是為何中國明明產生了道德的概念，卻成為道德最低的國家。老子在《道德經》說：「大道廢，有仁義。」

　江戶時代日本的朱子學者以為中國是「道德之國」，以為海的另外一邊是「理想之國」，想法單純實在很像日本人。但是當時日本人看到的只是書籍所產生的海市蜃樓。

　日本朱子學者的開山祖朱舜水在放棄反清復明運動後亡命到日本，據說到了日本的朱舜水稱讚日本是中國的理想國，親眼看到日本的朱舜水稱讚日本實現了「君民共治」，即自周以來的理想的封建制度。

　江戶時代也有嚴詞批評支那的學者，如活躍於中期的賀茂真淵，賀茂真淵說：「唐國是人心險惡的邪惡之國。」

中國人不相信日本人的誠信

如果要以一個字來形容日本人，我會毫不猶豫回答「誠」。我從小接觸到的日本軍人、隔壁的日本歐巴桑還有日本的警察，他們都給我「誠」的印象。

戰後，我來到日本已經超過40年，但是對日本人的印象卻沒有改變。有時甚至會覺得日本人誠實到有點呆。

總而言之和日常生活中充滿「詐」的中國人形成強烈的對比。日本的「誠」來自日本的自然及社會，也是其文化。

《古事記》中記載「須佐乃袁尊」在高天原向「天照大神」發誓的故事。「須佐乃袁尊」被下令去治理海，「須佐乃袁尊」到母神之處拒絕這項差事之前，先到了姐姐天照大神的地方，但是氣氛劍拔弩張，於是天照大神告戒「須佐乃袁尊」要「存善心」。

姐姐的天照大神原本以為弟弟是要來搶高天原的，「須佐乃袁尊」解釋說「無邪心」、「無二心」，並且說明自己的潔白，並且為了證明自己的潔白，立下在「宇氣比」生子的誓約。

自古代日本以來就視「無邪心」、「無二心」為美德。換句話就是十分看重「誠」。「誠」與「清明之心」是神道最重要的部份。

古代日本重視的是「清明」，中世是「正真」，到了近

世是「誠」、「至誠」，其語詞雖然略有改變，但是其內含卻沒有太大的改變。換句話說，日本自古代到近代，一貫地重視「誠」。其背景和不停地異姓革命，年年戰亂的中國不同，日本的歷史安定，沒有外敵，和平的時代也比較多。

由於有這樣的歷史背景，使得「誠」得以在日本的社會中定著。

另一方面在中國，「誠」反而是危險的。數千年來，中國人不停地強調五倫、五常、「四維八德」，但是當中就是沒有「誠」。

因為，對中國人來說「誠」是多餘的，更何況「誠實」和「正直」反而會帶來殺身之禍也說不定。因此要在戰亂年年的中國生存下去，最重要的是「詐」而不是「誠」。

叫中國人要「誠」，簡直是要他去「自生自滅」。「人不為己，天誅地滅」，因此中國人在看到懷疑誠實又正直的日本人時，心裡總是暗想「一定有詐」。

因此不管日本人說什麼，在疑心暗鬼的中國人來看，日本人的「友好」等於是「阿諛」。

就像亞瑟・史密斯眼裡的中國社會可以「疑心暗鬼」一句來形容。日本人的正直對中國人來講是「十分可疑」。中國人不知道人可以相信人，也沒見過那麼相信別人的民族。

也有人說：「中國人雖然很難相信別人，但是一旦相信別人，就會推心置腹。」不過竟然有人相信這樣的話真是令人驚訝。中國也有諺語說：「一人不進廟，二人不看井。」因為如果一個人進廟，會被惡和尚當凱子，搞不好還不會慘

招殺身之禍。萬一和壞人一起看井，搞不好會被推下井。

日本也有「男子出門七人敵」，但是在戰亂飢荒而且內訌的中國社會中，不要說男子，也不用出遠門，每天都是危機四伏。

中國朋友最危險

中國人大都很會外交：會拍馬屁，又會做表面功夫。像周恩來只要一上餐桌，一道接著一道的中華料理下肚後，沒一下功夫，就立刻「稱兄道弟」，直呼「老朋友」。

有很多日本人就是被中國人的這一套給唬住，即使是第一次見面的人，也能露骨地表示好意。

但是中國不可能不求回報地對別人好，因此受中國人款待的人都應該心存警戒。和中國人長期相處的台灣人最了解這一點。

在台灣的中國人抱怨台灣的公司不雇用他們，因此中國人子弟只好進政界或者是學界，但是這個理由也很奇怪。

照他們的說法，他們是不得已才進入政界及學界。講得好像非常地委屈，但是實際上這是配合結果所想出來的理由。實際上今天的台灣仍然被過去蔣介石的國民黨所掌握。

雖然台灣人政黨的民進黨取得了政權，但是國民黨卻仍然是掌握絕大資源的最大在野黨，仍然操控著台灣的政界、學界等主要分野。

　　中國人子弟要進入政界或學界也非常地容易，因為只要能攀上關係，就可以輕易地進入這個圈子。由於中國人不會講台語，使得台灣人可以輕易地分辨彼此。

　　90年代，許多企業進出中國。台灣人和中國人由於沒有語言的障礙，理論上可以很容易打進這個市場，但是到中國投資的台灣企業，卻常常有整間公司被竊據的事情發生。

　　被害者也成立了互助會，想辦法要將公司搶回來，但是生米煮成熟飯，許多台商只能自認倒楣。

　　由於中國人在公司裡面手腳不乾淨，使得台灣人和中國人之間的距離越來越遠，公司侵佔公款的事情又常常發生，台灣人深深感到中國人不能信任。

　　但是中國人最會做的就是廣告。「有朋自遠方來，不亦樂乎」，孔子是這樣說過沒有錯，但是孔子這樣說過，並不表示中國人真的就這樣想。就現實來看，也不是這樣一回事。

　　不論是親交、莫逆、肺腑、金蘭字詞多麼華麗，都要患難時才能知道是真是假。

　　毛澤東最「親密的戰友」林彪最後也背叛毛澤東。中國人的人際關十分地複雜爾虞我詐，尤其是到緊要關頭時，對方會怎麼出牌，完全想像不到。

　　毛澤東周圍有加拿大籍的醫師及美國人記者Edagr Snow為好友，孫文推心置腹的朋友是日本人的宮崎滔天。宮崎比孫文的其他數萬人同志都更出錢出力地援助了孫文的革命。

孤獨的中國人

中國人沒什麼朋友。雖然到處講「友好」、「友好」，其實就是因為沒什麼朋友，所以才要整天把友好友好掛在嘴邊。

今天中國的小皇帝們要有好朋友更是難上加上難。集三千寵愛在一身的小皇帝們最不擅長於體貼別人，完全以自我為中心，再加上以自我為中心的文化傳統，其相乘結果十分驚人。

田中角榮是開啓日中友好序幕的人物，而被稱為中國的「老朋友」。因此只要中國的要人來日本訪問，就一定會去田中角榮家，以表現中國人的友好。

其實中國人是個非常孤獨的民族，最後只能靠親族、同姓、同鄉，利用宗親會、同鄉會來互相扶助。但是一旦利益衝突時，親兄弟立刻就變成不共戴天，特別是一到爭遺產的時候，更是如生死鬥般的慘烈。

中國人成天把「友好」掛在嘴邊，說得快要冒泡，也像花蝴蝶般地殷勤表現友好。但是其實連中國人自己都不怎麼相信自己的「友好」。

總而言之，「友好」的解釋權操控在中國人的手裡。譬如東海的油田問題；由於油田橫跨兩國海域，日本顧念到兩國的友好及和氣，所以不但沒有進行開發，連調查都客氣。

但是中國卻無視日本的心意，不但開發，還跑到日本領海開挖。

對中ODA也是這樣。由於中國的軍事費用每年都以兩位數字增加，因此日本國內便有重新檢討是否還有需要繼續提供中國ODA的聲音。沒想到中國卻說「ODA」是日中友好的象徵，不能和其他的事混在一起。

反正，只有中國人認定符合自己的利益而稱之爲「友好」時，才是友好，而無法和別人建立自然、普通、悠久的友誼。

對日本人來說，個人的情報是公開的，不論出生年月日、畢業學校、家庭成員，如果是政治家的話甚至連個人的財產都公開。中國剛好和日本相反，什麼都是秘密，甚至連政治家的家族成員也是秘密。文革期間，就有因爲告訴外國人中國政治家的家族資料，被控以洩漏國家秘密罪的例子。

還有小學生問老師：「我的名字是不是國家機密？」的笑話。最近到日本的中國留學生的個人關係及行動也十分神秘，有時保證人連自己到底保的是誰也搞不清楚。

如果要談交朋友，日本人肯定是最好的友人。不但忠誠，而且不勢利，是最值得信賴的友人。

欺騙民眾的中國媒體

中國人都知道，中國的媒體只爲政府「喉舌」。好不容

易，關心中國的日本人漸漸了解到了這個眞相。中國是個情報鎖國的國家，媒體爲政府所操控，因此媒體只爲政府喉舌想來也是很正常的事。

說正確點，中國是黨、政、軍三位一體的的國家，中國的媒體不是爲政府喉舌，而是爲「黨」喉舌。因此報導的原則是得對黨或政府歌功頌德，也就是對政府及黨的功績大拍馬屁是其使命。

因此媒體只「報喜不報憂」，也就是只報好消息，否定、甚至隱滅所有的壞消息。媒體只要守住這個大原則，其他的小細節要怎麼報，黨的中央宣傳部都會有具體的指示。

因此，每當國家領導人發表講話時，也會對媒體進行指示修正。譬如最近胡錦濤完全掌握權力之後，便對媒體發表談話重新指示。

胡錦濤在2004年9月的四中全會中，終於掌握了江澤民最後才肯放手的黨軍事委員會主席。胡錦濤在掌握黨、政、軍以後，便露出了本性。他在閉幕時所發表的演講，可以匹敵1992年鄧小平的「南巡講話」。

胡錦濤更要中央宣傳部召開全國媒體會議，下達了29條禁令。包括禁止報導農民的上訪，土地的強制徵收、拆撤，市民、農民和政府的衝突等等。

最令人驚訝的是，在意識型態面上，胡錦濤說：「我們應該要學習古巴及朝鮮。朝鮮雖然在經濟上有困難，但是他們在政治上卻很正確。」

胡錦濤會稱讚金正日的路線正確，那麼批評戈巴契夫的

「錯誤」就不奇怪了。不僅如此，還要13億人口學習一貫堅持共產主義意識型態的卡斯楚，及共產主義、毛澤東主義的模範生的金正日。

21世紀的現在，還將卡斯楚和金正日當作英雄，只能說是搞不清楚時代。特別就中國的知識份子來看，這是個沒常識的命令，因為對中國人來說，要大中華的中國向小中華的朝鮮學習，可以說是不能原諒的屈辱。

中國的情報鎖國，並不限於中國共產黨，而是數千年前的文化傳統，秦始皇的焚書坑儒及歷代王朝的文字獄就是其象徵。不僅媒體，連知識人、記者都是黨的「喉舌」，對中國人來說，這已經變成理所當然的常識。

因此2006年1月，中國外務省的崔天凱亞洲局長，在北京的日中政府協議時要求日本政府要「好好管管」媒體，不要讓媒體只寫中國的負面報導，換句話說中國政府公然在正式場合公然要求言論自由的日本管制言論。

也由於這樣的社會文化，使得一般民眾對「新聞」的印象是「都是騙人的」。說來也沒有錯，因為中國的記者並不以傳達真實為己任，而是怎樣可以寫得好、寫得妙而讓上級滿意為己任。

他們還認為這些不但是為了國家，也是為了黨，他們欺騙自己：這樣可以安定社會，而安定才是中國人的幸福。因此，有必要操作新聞，欺騙人民，不然就會天下大亂。

更重要的是中國人認為「隱惡揚善」是為了教化人民，可以帶來社會的安定，甚至是一種美德。

但是，對於殺雞儆猴、訓告人民的公開處刑卻是不厭其煩地在電視大大放送。其中還有死刑犯腦漿四射的畫面。由於太駭人聽聞，駐中國的外國記者看不下去，經過抗議，最後中國才停止在電視放映公開處刑的畫面。

蔣介石的兒子蔣經國統治台灣時，也做過一樣的事情。蔣經國為了要處罰青少年犯罪，也讓青少年「見識」公開處刑。

另外，在我還是小學生的時候，在火車站前也還有公開處刑。我還記得人群聚集在車站前，隔天屍體旁便有成群的蒼蠅，是非常令人毛骨悚然的光景。這些都是在國民黨政權下的事情。

但是日本的媒體和中國卻剛好相反，日本的媒體每天等著找政府的紕漏。

代表中國反體制派的文人劉賓雁，曾經這樣評《人民日報》：「人民日報，只有《人民日報》這四個字是真的。」

如果報紙只報事實，恐怕政權會立刻不保。中國所謂「新聞」報導，不只內容，有時連日期都是假的。

中國的媒體完全被黨所控制管理，被徹底控制管理的媒體不如稱之為「傳聲筒」。本來中國的報導就是「官方報導」：發揚國威的美談，製造人民的理想形像。中國有這樣一個順口溜：

　　　北京日報騙北京　人民日報騙人民
　　　解放軍報騙軍人　光明日報不光明

遵命新聞多　社會新聞少

訓人文章多　道理文章少

記者文章多　讀者文章少

小報抄大報　大報抄簡報

簡報領導出　中央發號召

頭等記者賣情報　二等記者炒股票

三等記者賣版面　四等記者拉廣告

五等記者撈紅包　六等記者移外稿

工廠有三防：防火、防盜、防記者

　　中國人認為照自己的利益、方便來虛構是當然的權利，於是大部份的人民雖然知道媒體只是中央宣傳部，但是卻沒有任何作為，因為在中國這個社會，若要生存，每個人都得用謊言來武裝自己。

中國人的原則就是沒有原則

　　我剛來日本時最驚訝的就是，許多日本人認為「中國人是非常有原則的民族」，因為這和我所知道的中國人完全相反。

　「中國人很有原則」大概是戰後的日本文化人的原創故事，因為戰前的古典研究完全沒有這樣的內容。戰前日本人所知道的中國是非常任性、自私的騎牆民族，戰後的日本人卻將中國人的任性美化成中國人的「我執」。

　70年代中日和平友好條約締結時，日本開始流行「中國人很有原則」的論調。由於當時中國高唱「反蘇」，因此執意要將「反霸權條項」加入和約裡面。為了要不要將「反霸權條項」加入和約裡面，日本的輿論分成兩極，於是在這過程中出現了「中國很有原則」的神話。

　當然，日本沒有必要和中國一起「反蘇」，可是中國卻執意要和日本組成共同戰線。在「反霸權條款」議論的攻防中，中國的任性卻被解釋成「我執」，並且成為戰後中國的形象。

　戰後的中國外交是「原則戰略」：和平五原則，周四原則，日中三原則等等，但是一旦目的達成了，之前的原則就丟到一邊。譬如中國和印度一面主張和平五原則，印巴紛爭時，中國便視為機會，從背後突襲印度，發動了中印戰爭。

　還有，西藏也是這樣。一面和西藏簽訂和平協定，卻突然派解放軍佔領拉薩。在日本，又和日本社會黨聯手，共同反對世界人民共同的敵人，反對美國帝國主義，可是又突然180度大轉變為親美反蘇，讓日本社會黨錯愕不已。

　江澤民要日本「前事不忘，後事之師」還要「認清歷史」，並且說如果不認清過去就不能開創未來。不過，在柬埔寨被要質問到中國曾經和波爾特派一起屠殺人民的責任問

題時，卻說：「要忘記過去，才能共同面對未來。」中國最擅長的不是主張原則，而是雙重標準。

話說回來，沒有紀律又不相信上帝而且現實的中國人本來就不可能有原則。根據利害關係來左右所有的判斷是中國人的個性。萬一自己佔下風時，便堅決主張原則以保護自己。萬一不分上下時，便摸清對方的底牌，找到自己最有利的地方作為最高的原則以發動攻擊。

看時間、看地方、看對手

在日本，如果出爾反爾，便會失去信用，很難在社會立足。但是中國是個不相信別人的社會，因此本來大家就不把別人的話當真，因此就算別人每次說的不一樣，也不會太介意。反正顧好自己不吃虧最重要，這就是中國社會的風氣。

我在高中時背過孟子的「此一時也，彼一時也」。這是因為孟子被學生問到：「老師怎麼昨天說的和今天的不一樣？」孟子回答：「此一時也，彼一時也。」也就是孟子自己對「食言」的辯解。

孟子的意思是時間，地點、狀況有了變化，那麼原則也只好跟著變。孟子的說法可以代表全中國人對原則的看法，只要時間、地點、狀況有改變，那麼態度、原則、價值基準當然也可以跟著改變。

昨天的敵人是今天的朋友，今天的朋友是明天的敵人。

「善變」是中國人的習性。

戰後中國人的最大創作故事就是「南京大屠殺」。南京戰開打之前的首都攻防戰中，最高司令官的蔣介石宣佈「死守」後，第一個逃的就是蔣介石夫婦。

看到蔣介石夫婦漏跑，參謀總長的何應欽將軍也跟著跑了，最後逃的是最高司令官的唐生智將軍。國共內戰最後一役的上海防衛戰中，中國人充份露出了自私自利的本性。

蔣介石的長男蔣經國也宣稱要流完最後一滴血，隔天便坐上逃往台灣的軍用機。簡單說，「死守」只是騙騙部下，讓部下安心的「虛言」而已。

逃到台灣的國民黨政府，為了要「反共抗俄」、「反攻大陸」，在台灣實施白色恐怖政治，讓台灣人民生活在恐懼之中。在白色恐怖時代，國民黨在台灣實施了全世界最長的戒嚴，以無實荒唐的罪名任意逮捕台灣人民，將一般市民入罪為政治犯，造成了10數萬個悲劇。

物換星移，政權輪替國民黨成為在野黨。才一失去政權，國民黨主席連戰便自己前往中國，滿面笑容地和共產黨主席胡錦濤肩並肩地承諾要互相合作。

從前「反攻大陸」、「反共抗俄」喊得那麼大聲，造成那麼大犧牲，但是一旦「反攻大陸」及「反共抗俄」沒有了利益，不但說變就變，連以前稱之為「共匪」的中國共產黨也立刻變成了同志。其沒有節操，可見一般。毛澤東在「百家爭鳴」、「百花齊放」的運動中獎勵批評黨，但是一見形勢不利，便政策急轉彎反「反右派鬥爭」。

　　然後像是引蛇出洞般地整肅批評黨的人。在中國連國家領導人都可以出爾反爾，昨是今非，更不要說社會一般民眾自古以來的食言風氣及風土。

正反兩極的中國人與日本人

　　中國人最重得失，為了得失總是和人爭論不休，就算把白的講成黑的也無所謂。至少，自中華人民共和國建國以來，中國老是在「友好」及「敵對」之間反覆找人吵架，其事實只要看歷史就可以明白。

　　中印戰爭、中蘇國境紛爭、越南懲罰戰爭等，都是中國從「友好」轉變到「敵人」的絕佳例子。現在，日本被設定為中國的敵人，將來若印度及俄國成為新的敵人時，日本又會變成「親愛的友人」，過去日中和平友好條約時也是這樣，這種常套不論是國家或者企業都常常使用。

　　因此除了政治問題以外，經濟問題的「友好」及「敵對」也值得注意。只要有需要不管之前要求的條件多嚴苛，其態度、原則馬上可以改變。

　　跟中國的企業做生意也是這樣，就算雙方達成協議，一旦開工，條件就會慢慢改成合乎中國利益的方式。契約成立之後再來慢慢改，是中國式的條約簽訂方式。

　　因此和中國人簽訂條約，不管怎樣其結果都是有名無實，什麼效力也沒有，反正最後什麼都得聽中國的。日本在

和改革開放後的中國有政治、經濟的交流之後，才知道中國是這樣朝令夕改的國家。

　　和中國正相反的是日本。日本人一旦簽了契約，就不會亂改。不論是明治憲法或者戰後美國強迫日本制定的日本國憲法，都不輕易更動。

　　本來，這是法治國家的常態，也和日本的傳統文化有關。世界上像日本一樣達成近代化，卻又珍視傳統文化的國家非常少。日本人不擅於見人說人話、見鬼說鬼話。

　　日本人如果沒講真心話，便會自責。日常生活中，買東西也照標價買賣，絕不抬高價錢或殺價。

　　不論在學校或公司，一切都照規定運作，日本人從小便在法律、規律、秩序的文化中長大。有時雖然會被視作死腦筋，但是和牆頭草的中國人不一樣卻是真的。

第七章

想要就用搶的中國人心理

搶到的就算自己的

根據日本警察廳的「國際犯罪對策統計」，2005年在日本發生的外國人犯罪中的4成，是中國人所為。也是所有國籍的第一位。除了香港以外的中國人犯罪有1萬7006件，檢舉人數8691人，是過去10年的2.1倍、2.5倍。

其犯罪的內容有已經成為中國人代名詞的闖空門、扒手，還有福岡縣的滅門血案等，是日本人想都想不到的犯罪。但是由於媒體怕被中國抗議，所以有關中國的犯罪消息，在日本都只報導為「亞洲人」來模糊焦點。

東京都知事石原慎太郎批評中國人在日本的凶殺案件是「表現民族DNA的犯罪」、（產經新聞2001年5月8日）「不法入國的三國人連續犯下的凶殺案」。像石原這樣毫不給中國面子的人物，馬上就被中國冠上「日本軍國主義頭目」的稱號。

在世界各地跋扈犯罪的中國人，不見得本來就是混幫派或者亡命份子，從留學生到大學教授及黨幹部都有可能犯罪。

先前所提到的2005年度的警察統計指出，日本的中國人犯罪有3成以上是大學或專門學校的留學生，知識階級的菁英份子佔了4成。

日本人可能已經忘記，之前雜誌還報導了中國領事館職

員在東京馬喰町偷東西的消息。

馬喰町有很多中國人。受不了中國人三隻手的店家，乾脆拒絕日文奇怪的中國人進店，因為就算被當場逮個正著，死不認錯的中國人就能立刻編出一堆：「這東西自己跑進我的口袋」、「不知道被誰陷害的」等等莫名其妙的籍口；將來又還會上門來找麻煩。

實際上，警察統計也顯示出，外國人的強盜、竊盜、闖空門、偷腳踏車的犯人也以中國人為最多。

不過，在日本的中國人算少數還好。在中國開工廠的老闆們可就累壞了，從工廠廁所的衛生紙到電燈泡都有可能被偷，或者只是隨手放的東西也可能轉眼不見。因此工廠監視器在工廠成為必須品，但是聰明的中國人總能想辦法偷到。

另外在中國經營超市的企業生意也很難做。因為，除了店長以外，不僅來光顧的顧客，連超市店員也會順手牽羊。由於順手牽羊的人太多，若有10％的商品被偷走，就會面臨經營的危機。因此還有禁止攜帶背包入場的超市。

對於世俗化的中國人來說，偷也是傳統文化之一。貪污，盜領公司公款等等，連賊都有義賊倫理，也說明了中國盜賊文化的悠久。

這種從超市商品到國家財產都可以偷的傳統文化，有以下的順口溜：

　　　　幹部撈　班長肥　三千職工三千賊
　　　　十個廠長九個撈　還有一個酒裡泡

這絕非誇張的戲言，不如說還蠻寫實的。不但大家都對「三千職工三千賊」心裡有數，還說「工人天天都作賊，不如廠長撈一回」。

還有這樣的打油詩：

外國有個加拿大，中國有個大家拿
不要白不要，不拿白不拿

日本是萬世一系的天皇制，中國則是「易姓革命」。說穿了「易姓革命」就是用暴力將別人的天下全部搶過來的過程。有能力的可以「盜國」，能力不夠的就「雞鳴狗盜」。

日商工廠在中國要開業前，工場的工具、螺絲起子、鐵槌等等會不見，等到開業後，連生產的商品也會不見。

中國專家分析說，這是「人民公社」以來的中國習慣。只要是公的東西都是大家的東西，都是「共有財產」。農村鄰家的鍬、鎌等，都可以隨便使用，因此把別人的東西當作自己的東西用，絲毫沒有犯罪的意識。

國家也是這樣，譬如先前提過日中懸案的東海天然氣田開發案。就技術及資金來看，日本若想開發的話，早在幾十年前就可以開發，可是因為考慮到油田剛好在兩國國界之間，不但客氣沒有開發連調查也沒有。中國一有了技術，便旁若無人大剌剌地開發了起來，並且拒絕了日本公開調查結果的要求。

1999年9月21日台灣發生大地震。台灣的駐日代表處湧入想要捐錢的電話，於是代表處設立了「台灣大地震救濟義援金」的戶頭。同時，中國大使館在同一個銀行的同一個分行設立了名稱很像的「中國台灣大地震救濟義援金」。台灣認為中國巧立名目的舉動是想要巧取橫奪日本對台灣救援，而對中國提出質疑。中國這樣說明：「因為有很多人想要幫助台灣，但是不想把錢匯入台灣代表處設的戶頭。」既然這樣又什麼又要在同一個銀行的同一個分行設立戶頭？中國的行為和趁火打劫沒有兩樣。

中國人的常識和世界的常識差了十萬八千里，因此不論在生活上或生意上，以和外星人交往的心情和中國人來往，應該就可以相處得不錯。

一獲千金的盜墓熱

改革開放後，盜墓成為一獲千金的近路。中國有5000年的歷史，墳墓裡的古董要多少有多少，從長城的磚塊到南京城牆壁都可以拔下來賣。

數千年的國寶級文物，不但中央政府，地方政府也垂涎不已，因此為了古墳的財產權，地方與中央爭來爭去。

陝西省有73位皇帝的72座（唐高宗和武則天同一個）陵墓，也因為秦始皇兵馬俑的出土而名聞天下。

陝西雖然多古蹟，卻沒有近代產業。因此地方政府為了

要開發地方，向來訪的副總理田紀雲及經濟貿易部長李嵐清要求古墳的挖掘權。

由於帝陵的盜墓猖獗，已經所剩無幾，如果沒有新的古墳可以挖，那麼陝西省的財產就等於零。目前免於盜墓的只剩下武則天和唐高宗的帝陵而已，因此陝西省嚴加保護，並且強調這雖然是國家的財產，同時也是省的財產。

但是中央政府爲了防止國家資產的流出，不許陝西省移動乾隆皇帝以前的歷史文化財，可是陝西省卻希望能賣些始皇帝的兵馬俑，因爲兵馬俑陶俑的頭部就可以叫價10萬美金以上。

陝西省也很想將十數噸的古錢換成現金。陝西雖然產煤，但是非常的貧窮，想把這些古董賣一賣以開發地方。

但是沒等到省來賣，盜墓者早就開賣了。中國的盜墓也非常的歷史悠久。自2千年前的戰國時代以來就非常的盛行。20世紀以後，軍閥的兵工隊也加入盜墓以做爲軍火費。

改革開放之後「向錢看」的風氣，更是加熱了盜墳熱。裡面的財物大都流到海外。

曾國藩及明太祖朱元璋的墓，已經一乾二淨。在中國能一獲千金，最快實現庶民發財美夢的，就是中國的這些歷史文物。

盜墓也成爲中國黑道的資金來源之一。人民解放軍也利用軍用飛機將盜掘品運到香港及澳門。根據1993年2月12日《青年日報》的報導，軍用機偷渡了數千萬元的國寶。

不僅古董，只要能換成錢的東西什麼都想偷，譬如桂林

的鐘乳石，有時甚至用炸藥炸。根據1992年7月19日的《中國時報》，還發現了以100人為單位的盜墓集團。

盜墓之所以如此盛行，完全是因為農民可以因此一夕致富。中國政府雖然也發出了處盜墓者死刑的重罰禁令，但是殺頭生意還是有人做。

改革開放後，中國的人、錢、物不停地外流。蛇頭每年將數十萬單位的中國人偷渡到海外世界各國，並且帶走相當於外國對中投資額的資本離開中國，因此要順便賣掉這些古董可是說是易如反掌。

骨董商的朋友告訴我，他在中國買的骨董好幾次都在海關被沒收。之後他才知道，中國的骨董商人和稅關聯手，因為海關如果抓到國寶流出海外就會有獎金。

被騙了幾次後，這位骨董商也想了辦法。就是在中國訂貨以後，立刻交給其他的同業，以別的路徑運出，本人就先和交易對手的中國骨董商先喝上一晚上的酒，灌倒對方，以拖延通報的時間，然後趁這段時間將骨董儘速運離開中國。之後，海關怎麼查也查不到。

這種黑吃黑，魔高一尺，道高一丈的遊戲不停地上演。中國的國寶不停地流向海外。過去在河南省西峽縣發現了3000多顆恐龍蛋，結果一個一個被農民偷賣掉的新聞，成為世界性的話題（《聯合報》1994年8月18日）。中國人沒有「文化財」的概念，因此為了錢，可以不擇手段。

被偷的陪葬品從春秋時代的青銅器、秦代的兵馬俑、具歷史性裝飾品、書畫、宗教雕刻、古文書、庶民的民品、貴

族的奢侈品等等，都是走私的對象。

但是盜墓者卻不了解自己偷的東西的價值，只知道可以換成錢而已。偷墓人將偷挖出來的史前時代金飾熔成金塊變賣，以掩飾盜墓的行為。無知的盜墓人在轉手時還常常會被騙。

江西的盜墓者好不容易挖到了元代的貴重磁器，但是卻不識貨，以80塊轉賣給了掮客；掮客又以3萬5千元賣給了在珠海的走私業者；沒多久美國的拍賣會場以120萬美金的價錢賣出。

由於中國各地的博物館或展覽會場的設備粗糙，因此如果有心想偷實在不難。像是代表中國的北京紫禁城的安全設備，都稱不上完備。

好像是在邀請竊盜團來偷似的，實際上遇上小偷大盜也真是沒輒。敦煌莫高窟的壁畫，長沙馬王堆的文物，也都常常遇竊。

陝西、山西、福建、江西、寧夏、內蒙古、雲南、貴州、浙江、湖南等各省、自治區內，被害的古墳超過3萬件以上。其他還有湖南省郡陽市也有3千件的被害，河南省榮陽縣廣武山的東西20公里範圍內，約有1000件被害。

2005年7月5日中國國家文物局的張柏副局長表示，這數十年遇害的中國古墳約20萬座。1980年代古代吐蕃王國的古墳群被盜，連海拔4800公尺的古墳也難倖免於難。中國的公安當局懷疑背後有韓國人的協助。

即使有可能被判死刑，國寶文化資產還是大量地外流，

其原因和中國人的「常識」有關。農民、地方警察、黨幹部、關稅、官吏……可以說各行各業、各個階級的人都默認盜墓的行為。難怪會流傳這樣的順口溜：

> 要致富，挖古墳，一夜一個萬元戶。
> 要發財，開棺材，金銀財寶滾滾來。

過去農民怕報應。但是經過這幾十年共產主義唯物論、無神論的洗禮，農民也加入業餘盜墓的行業。不過業餘的還是業餘的，比不上職業盜墓的水準。

職業盜墓者和地方政府及黨幹部聯手，進行大規模而大膽的盜墓，甚至還有考古學家的參與。

考古學家也非常樂意「學以致用」以賺取外快。就這樣盜墓成為中國最新興也最快一獲千金的「全民運動」。

自古以來的匪賊社會

中國是典型的匪賊國家。談中國的歷史就不能不談匪賊。大的匪賊可以盜國。就國家的層面來看，這就是中國自上古以來的「實像」。就民間的層次來看，早在莊子的時代，天下就匪賊跳樑。

孔子的朋友柳下惠的弟弟「盜跖」是春秋時代有名的大盜。《莊子》這樣說盜跖：「從卒九千人，橫行天下，侵暴

諸侯。穴室摳戶，驅人牛馬，取人婦女。貪得忘親，不顧父母兄弟，不祭先祖。所過之邑，大國守城，小國入保，萬民苦之。」

孔子跑去找盜跖，本來想要用「仁義」教訓他一頓，卻被盜跖反論：「古者，弱肉強食之世；天下爾虞我詐之天下。我不食人則人食我，我不詐人則為人詐。丘之所言，皆我之所棄也。」並且大罵孔子之道：「狂狂汲汲，詐巧虛偽，奚足論哉！」盜跖對孔子下了逐客令，孔子自嘆：「此行無異於拔虎毛拽虎尾，編虎鬚，險不免於虎口哉！」

據說這段故事是莊子想出來的。莊子借盜跖的口來諷刺孔子的仁義道德。從古典也可以看出春秋戰國時代，就已經是天下盜賊猖獗的時代。

「雞鳴狗盜」是有名的故事。「雞鳴狗盜」記載在《史記》的〈孟嘗君傳〉，孟嘗君是戰國七雄之一的齊國人。孟嘗君在訪問秦國時，被軟禁在宮裡，因此他的食客學狗叫，偷秦昭王的白狐裘來賄賂昭王的寵妾，之後逃到秦國國界時，食客又學雞叫，騙得駐守的士兵開城門，才得以從虎口逃出來的故事。這種雞鳴狗盜的故事，在中國成為美談，不但記在正史上還流傳後世。

否定孟子性善說的荀子師事法家的韓非。荀子反對厚葬，主張薄葬。他主張薄葬的理由，和當時盜墓的風氣有關，因為厚葬反而使逝者不得安寧，失去了意義。

但是盜墓者不只偷錢而已。《後漢書》記載當時的盜墓：「發掘諸陵，取其寶貨，遂污辱呂后屍。凡賊所發，有

玉匣殮者率皆如生，故赤眉得多行淫穢。」宋朝劉敬叔的
《異宛》中寫說：「殭屍人肉堪爲藥，軍士分割食之。」元
朝的時候：「江南掘墳大起，天下無不發之墓矣。」

乾隆皇帝的陵墓被蔣介石的工兵隊爆破，也使溥儀決意
再興滿洲國。

從明朝以來，盜墓便是重罪。《明會典・刑律條》：
「不分首從，皆凌遲處死。」但是盜墓並沒有隨著中國的近
代化而漸少，只有隨著科技的進步手法不斷翻新。

在全民拜金向錢看的運動中，北京的高級官僚、上海的
暴發戶將國家的財產視爲已物，在類以山西、陝西這種落後
窮困的地方，想要一夜致富的村民、農民，當然不會放過老
祖宗留下來的「財產」。

在中國，誰都有可能成爲匪賊

《水滸傳》裡的梁山泊在日本也很有名。就故事來看是
充滿魅力的義賊世界，非常的引人入勝。雖然在日本在幕末
到明治之間時曾經是暢銷書，但是到了網路時代，讀的人漸
漸少了。

在「不山不賊，不湖不匪」的中國來說，梁山泊的世界
可以說是中國社會的縮影。除了描寫男女之情的《紅樓夢》
以外，中國的小說，一定都有盜匪登場。因爲沒有盜匪中國
就沒有故事，歷史也就不成立。

　　毛澤東、朱德的革命根據地井岡山也是有名的盜賊根據地。由於當地的匪賊在秋收的蜂起時，接受了「赤匪」，隔年井岡山的這些盜賊就成了紅軍第四軍，毛澤東也曾稱自己是山大王。

　　中國自秦朝以後，王朝末期匪賊橫行，幾乎成為鐵則。只要天下一亂就有「農民革命」。秦末的陳勝、吳廣之亂也許還能稱為「農民革命」，但是漢之後的綠林、赤眉、黃巾之亂，就和匪賊的暴動差不了多少，特別是和匪賊同義的綠林就是不折不扣的匪賊暴動。

　　要理解中國社會，就得先理解中國的「匪賊」，他們是中國文化的一部，也算是中國的次文化。

　　匪賊不但和農民、城民共處，也和社會共生，更和軍隊、地方政府有密切的關係。匪賊當中若出現有政治才能的頭子，就可以搖身變成一大軍團及革命勢力，再更上一層樓就是「皇帝」。

　　譬如若有張作霖才能的山大王就可以成為滿州的一大勢力，或者如果有毛澤東、朱德等革命領袖的政治頭腦，就算起先被稱為「共匪」，之後也能建國，成為國家主席。

　　「匪賊」集團的確是中國的名產，相對於官僚支配都市，地主支配農村，匪賊支配山林及湖澤。又稱為山西王的閻錫山從日本陸士及陸大畢業回到中國，上書給袁世凱總統說中國「無山不賊，無湖不匪」。

　　由於匪賊所支配的山林及湖澤是非生產性的地區，因此掠奪村落的情形也多。但是都市、農村、江湖，或者官僚、

地主、匪賊並沒有明確的分界線。

　　或者毋寧說不容易區分匪、兵、農。除了「職業盜匪」以外，也有許多在農閒時出來打工的「業餘」農民，還有來往於匪、兵之間的盜匪更不在少數。

　　遇上吃不飽、不作的凶年，官逼民反就「上梁山」，因此民和匪的區別實在很難。

　　譬如清朝末期，中華民國初期的白狼（白朗），率領強大的農民反亂軍攻擊華北70餘縣，又被稱為「白元帥」，還有遊走於革命家與軍人之間20多年、出身盜匪的軍略家樊鐘秀。

　　馬賊出身的張作霖，共匪大頭目的毛澤東，就未被放入匪賊集團的概念範疇裡面。特別是在中華民國時代，匪賊集團常常被編入正規軍，正規軍解體後變身為匪賊集團，左右軍閥內戰的例子也非常多。

　　日中戰爭時，美國對中華民國援助的28億美金中，有10億美金不知下落，據說這10億美金消失在蔣介石集團及四大家族的口袋中。

　　軍援蔣介石有四條路線，但是運送軍用物資，不論哪一條路線都要經過叢山密林、急流大河，如果經過匪賊所管理的山水及湖澤，就必須繳過路費，並且提供一些軍服、食物、彈藥及武器。

　　根據朱新繁的《中國農村經濟關係及其特質》，1930年匪賊的總數約2000萬人，以這個數字來看，閻錫山「無山不賊，不湖不匪」的說法絕非誇張。「正史」裡面的匪賊、流

寇到了中華人民共和國時代時，史觀大逆轉，變成了英雄，黃巢和李自成等便是其典型。只因為時代的不同，匪類可以變成英雄，變成農民革命的先驅。不僅如此，還要求所有人都得接受這樣的史觀。

根據戴玄之的《紅槍會》，中華民國自建國以來：「沒有一地不出現匪賊，也從來沒有一年沒有匪賊的掠奪。」因此中華民國可以被稱為「中華民賊」、「中禍匪國」、「匪賊共和國」。「民國」和「匪國」不但發音相似，連意思也都相去不遠。

只要利害關係改變了，敵人就可以變兄弟、同胞，在中國是家常便飯。

逃到台灣的國民黨便稱中國共產黨為「共匪」、「赤匪」，叫北京政府是「匪偽政權」，叫中華人民共和國為「朱毛匪邦」，反正就是把共產黨當竊國的匪賊。

只要符合自己的利益，軍官就可以變強盜，山大王可以變元帥，因此到底是民還是匪誰也搞不清楚。

中國人社會就是匪賊社會，梁山泊就是其縮圖。特別是江湖和黑道是最混沌的灰色地帶。那麼到底要怎樣定義中國的匪賊呢？很簡單「勝者為王、敗者為寇」。輸了就是匪賊，贏的就是天子、國家主席。

易姓革命是國盜歷史的象徵

　　只要提到中國史，就不能不談中國的「易姓革命」。中國的「易姓革命」常拿來和日本「萬世一系」的天皇制相比較。但是這裡將不根據歷史字典，而以我的方法來解釋。

　　所謂的「易姓革命」，簡而言之就是把竊國正當化的強盜理論。當然中國「易姓革命」有其一套陰陽五行的理論及根據，但是自從商湯革命（殷周革命）以來，只要冠上革命，就什麼都可以合理化。

　　即使到了今天也是如此，只要冠上革命，就百無禁忌，連為非作歹也言之有理，譬如辛亥革命、社會主義革命、文化大革命都是其例。例如當時的文革派就主張文革不是單純的「奪權鬥爭」。但是在文革卻造成了「十年動亂」。

　　春秋時代便是「下剋上」時代，有傳統的名門諸候漸漸被有力的臣下篡奪及取代，到了戰國時，社會的變動更加劇烈。當時數千的國家統合到只剩七雄。

　　最後，由秦的統一天下，結束了持續200年以上的勢力均衡。秦王政是第一個以「萬世一系」為目標的皇帝，但是始皇帝的夢想只持續了三代就結束了。但是自殷周時代以來，中國便已經有正當化竊國的理論基礎。

　　西洋有所謂的「君權神授說」，中國則有「天命」，「有德者」才能有「天命」，受到天命的有德者才得以統率

萬民。

有德者會隨者五行之德：金、木、水、火、土的相剋相生，而改變。譬如火德衰則水德生等，不可抗拒的循環生生不息。雖然易姓革命可以讓有德者成為天子，但是卻無法教化、德化、王化萬民。

因為，實際能在天下大亂之際時，壓倒群雄，篡奪王朝的不是「有德者」，而是「有力者」。但是根據易姓革命的理論，天子不是有力者，而是有德者，而且「真命天子」必須是天下最有德的人。

可是仔細想想，這個天子不就是竊國的大頭目嗎？只要一改朝換代，強盜頭目立刻成為全天下最有德的人，這是十足「勝者為王」的理論。

正因為中國是匪賊社會，所以中國的領導人也來自馬上或槍口。領導人都這樣了，萬民當然也就適用這套強盜理論。

或早或晚，世界各國都經歷了所謂的「革命」。但是世界各國的革命和中國不同的地方在於，革命後的制度不同。各國在革命後，國家不再屬於一家一族或一黨的天下，必須重視民意。然而中國至今還未有表達民意的機制和制度。

順手牽羊是之所以為中國人的條件

在中國經營工場的外資企業最煩惱的就是，如何控制中

國人順手牽羊的惡性。由於他們太習慣順手牽羊，因此若要將工廠的損失降到最低，便得預防中國人的偷竊行為。

這樣的現象不限於工廠，企業內部的監守自盜、作假帳，以及外部人員的合作勾結，有時甚至把這個公司整碗端去，從員工到幹部都將公司視為囊中之物。

從小在匪賊國家長大，受其風土及傳統耳燻目染的影響，使得國家領導人到一般庶民個個都有「不拿白不拿」的DNA，如果少了這個DNA就不算是中國人。2007年5月18日產經新聞報導中國的和諧號起用還沒一個月，車上設備就已經快被偷光了，從緊急逃生時的鐵槌、廁所馬桶蓋，水龍頭、衛生紙、衛生紙架等等被一掃而空。

因為支持「易姓革命」、「農民革命」、「無產階級大革命」等革命的正當性、思想性及精神性的，就是中國人偷天換日、萬物皆可偷的本性。不論革命有再冠冕堂皇的理由，其手段方法就是比拳頭的強取豪奪。

我的朋友曾經觀察研究過中國的托兒所、幼稚園及小學的小朋友。根據他的觀察，在學校最常發生的就是爭奪玩具、日用品及文具。而且爭奪的時候，一定互相主張「這是我的」。

為什麼中國連政府都可以和民間聯手製造仿冒商品？不但有仿冒的商品，還有仿冒的工廠、仿冒的公司，甚至還有專門做仿冒品的城市？

因為中國是官民一體、上下一心的匪賊國家。李前總統就曾痛罵中國是「土匪國家」。

　國際社會好不容易建立的智慧財產權的概念及常識，被中國弄得體無完膚。中國官民無視智慧財產權的態度令人咋舌。2007年5月，日本媒體報導了在北京近郊竟然出現了國營的狄斯耐仿冒樂園。園長對著日本電視台的專訪說我們不是米老鼠，是「大耳貓」。明明是仿冒卻又說得像是自己原創，只是不知道為什麼剛好很像的口氣叫人跌破眼鏡。

　中國由於資本及技術的不足，所以得仰賴外國。中國不但不自己努力，便使用盡各種手段用偷的。特別是有關軍事及企業等高科技產業更是無所不用其極。

　不論世界各國如何譴責、批評，中國依然故我。中國人的所有作為都可以其「賊心」來解釋。但是要怎樣對付中國人刻畫在DNA的賊心，則是無解之題。

連日本警察都怕的中國人犯罪

　最近日本街上多了許多中國人，他們不排隊不守秩序，可是也沒人敢說他們。而在日本的中國知識份子及教授也不敢在路上用中文大聲講話，因為日本發生太多中國人的強盜搶劫凶殺案。不但日本人怕，連中國人自己也怕。還有在店門貼「婉拒中國人入店」的貼紙。

　店家也都明白，地方上只要中國人一多，治安環境就會變壞，地方的形象也會變差。由於中國人在哪裡都討人厭，所以世界各國的中國人最後就會集中到「中國城」。日本的

仙台市本來和中國企業合資興建「中國城」，結果遭到地方居民以違反景觀，破壞環境為由而中止。

連在日本的中國報紙也難掩對在日中國人日漸昇高及凶惡化的犯罪率的憂慮，而在報紙發表一些「解釋」的文章。譬如，犯罪的中國人都是垃圾，但是透過改革開放後，中國人的品格已經提昇，所以以後會有越來越多高級的中國人，必定會讓日本人對中國人刮目相看等等自我安慰的文章。過去的中國人是垃圾，以後的中國人是寶石，這種自我陶醉的話也只有中國人才講的出來。

要對付心狠手辣的中國人，老實說還須要一點勇氣。

2006年6月23日栃木縣警察看到兩位可疑的中國人並上前詢問，沒想到那兩位中國人卻突襲警察，並且意圖搶奪警察的配槍，在扭打中，還用附近民家庭園的石頭攻擊警察，使得警察不得已開槍自衛。

連警察都敢搶、敢殺的事件震驚了日本的社會。但是中國人會反省才怪。

第八章

信仰金錢的中國人

有文化沒精神的中國人

中國數千年來，創造了種種文化，有漢字文化、儒教文化、中華文化，但是沒有中華精神。

中國人並非無視「精神」，而是中國人沒有共通的精神。日本人有武士道精神，並且幾乎已經成為日本人的代名詞。中國過去有「延安精神」、「長征精神」、「愚公精神」、「雷鋒精神」等許多類似全國運動的活動，不過都是一時性的。笛子吹完，舞一跳完，過了就忘了。

但是，並不是就說，中國人無視「精神」，是說中國人沒有共通的精神。

也許有人要反駁中國是十分重視「精、氣、神」的民族。但是也許有「個人」的精神，卻不足以成為「思想」。總而言之，中國人缺乏民族共通的精神。

世界上唯一沒有神的民族便是中國人。之所以沒有神，是因為精神軟弱，容易被現實買收。全民「向錢看」，全國總拜金。

漢末天下大亂時，佛教傳入中國，救濟靈魂的佛教立刻流行起來。但是一遇上「三武一宗」的破佛棄釋，佛教便立刻衰退。基督教一傳進中國，立刻就有上帝會的太平天國大亂，太平天國一遇上義和團及共產黨，便立刻消失無踪。

回教的傳入也如星火燎原，但是最後也因為「洗回」而

衰退。

「延安精神」、「長征精神」、「愚公精神」、「雷鋒精神」，與其說是一種思想，不如說是將有勇無謀的「愚行」的美化。台灣人對「大和魂」及「日本精神」有很好的印象，但是如果要說到「中國人精神」，大概都沒有什麼好印象。

若能感嘆「欲望最大，道德最低」，就還算有點自知之明，但是一般的中國人對外面的世界是既無知而且也不關心，老是覺得自己最棒，老是以自我為中心，完全不想了解他人的看法及文化。

如果獲得一些情報，就立刻以利於自己、肯定自己的方面解釋。受到儒教「懲惡揚善」的說教，中國基本上只能以「善惡兩元論」來看世間，不是好人就是壞人，而日本人總是得當「壞人」。

中國人只要一找到對方的缺點便緊咬著不放，因此在談判桌上，是可怕的對手。日本在戰後也被中國翻弄了將近半個世紀，可以說拿這個鄰人是完全沒輒。

但是，就如先前所述，中國人在精神面絕非堅強而有毅力，譬如在精神世界和其他文化圈的人相比便有嚴重的落差。

中國雖然有中華思想，卻沒有中華精神，換句話說也沒有類似「大和魂」的概念。另一方面，日本雖然有所謂的日本精神，但是卻沒有所謂的日本思想。的確日本也有西田哲學的思想，但是卻不是代表日本的思想。日本目前並沒有任

何可以壓倒群雄的主流思想，因此日本是有「精神」而沒有「思想」，但是中國是有「思想」，但是沒有「精神」。

中國人之所以會沒有民族精神，除了前述勢利的原因以外，另外一個原因是因爲「中華民族」還在形成的過程中。西藏、蒙古、維吾爾等不同的文化、宗教、語言、文字的文化集團還未能統合成爲新的民族，由於缺乏共同的自我認同，因此也未能產生民族精神。

對於尚未能統合的邊緣民族，便在學校教育中加強民族主義及愛國主義的精神教育。但是其效果並不顯著。就算漢民族上街暴動大喊「反日愛國」，可是西藏或蒙古人並不會跟著唱喊。政府爲了發揚國威而努力宣傳民族精神，但是要一元化多樣性並不容易。

另外，也如前述，中國人是極端不輕易相信別人的民族，而成爲嫉富的社會。因此社會經常處於上下左右分裂的狀態，也很難產生共通的精神。

中國自古以來便無法產生共通的精神及認識。孔子將人分成兩等「君子」和「小人」。雖然不是「白領階級」、「藍領階級」，卻是以是否合乎傳統的理想及行爲來做爲區分，因此很難有共通的精神。

即使在日本的今天，也很難將一種精神強加在所有日本人的身上。但是問題是，日本民族的概念不用特別強調，就已經成熟。先不論精神，光是民族的形成就已經讓中國的爲政者挫敗了好幾年。

江澤民時代，徹底實施愛國教育，教導一元的「愛國主

義」及「民族主義」，想要重塑「中華民族」，就如2005年反日愛國暴動時所展現的一樣，變成以反日來愛國，走上街頭破壞，成為國際社會的笑柄。

世俗化民族的慰藉

由於中國人沒什麼信仰，因此勢利、現實也是想當然爾。因為沒有神，所以便崇拜「天」，或者祖先。

沒有「神」的民族迷信也多，尤其中國人是十分疑神疑鬼的民性，完全是因為無神的存在。一個民族是否有神，幾乎可以左右一個民族的精神。

中國人喜歡實利，與其拜神，寧可想辦法成仙。中國人夢想成仙的願望產生了道教。道教求實利，但是若和儒教比較，道教的宗教色彩就濃厚許多。

那麼仙人和神哪裡不同呢？對日本人來說，人經過死亡便能昇華成為神，換句話說，人只要死了，就會成為神，所以日本人追求「死」。

另一方面，中國人追求「生」，想避開死，要「長生不老」，能長生不老的就是仙人。這就是中國仙人和日本神最大不同的地方。

仙人思想是非常世俗的信仰。仙道裡面的仙人世界和俗世沒有兩樣，被美麗的仙女環繞，享盡仙人之福，過著極樂的生活，不死也可以到極樂淨土。

　　但是怎樣才能成爲仙人呢？大致有三個方法。第一爲「化學的方法」。想成仙的人就吃霞、松脂、菖蒲、菊花等等，經過許多試行錯誤，集大成的就是「仙丹」。

　　花費許多時間調合仙丹、練仙丹，吃了就可以成仙，換句話說「吃」可以成仙。

　　第二是「物理的方法」，也就是經由修鍊。譬如登高山，在大岩石上練功，也就是以物理的方法鍛鍊身心以成爲仙人。但是這個方法不太適合中國人。

　　第三個是「倫理的成仙」。也就是針對「善行」、「惡行」的「成績單」，行善就加分，行惡就減分，最後總決算看總分夠不夠成仙。及格者再以得分高低分「地仙」、「水仙」、「天仙」，是很中國式的成績表。

　　考察一下仙人，可以將中國人的世俗性看得更清楚。

　　不管怎樣，對這麼世俗化的民族來說，實質的利益比什麼都重要。於是親族是第一層可以保護自己利益的團體，其次是有地緣的同鄉，接下來是同窗之誼的同學及校友。

　　隨著同心圓的向外擴張，再分成圈內及圈外。圈內就是「自己人」，圈外就是「別人」，這個同心圓的構造對中國人來說就是一個「利益共榮圈」。

　　擴張同心圓的方法就是「拉關係」，也就是擴展人脈及關係。中國社會中，任何的關係都和錢有牽扯，沒「關係」的人就是「圈外人」，很難打入圈子。

　　對無神論的中國人來說，傳統的占卜有十分重要的地位，對土俗民間宗教及死者的靈魂也非常關心。冥婚、驅

魔、迷信等等支配中國人的精神世界。

佛教傳來後，將土俗迷信理論化，融合佛教思思想及老莊思想而成立的便是道教。其他還有許多受到佛教影響的種種狂熱的新興教派，如五斗米道教及白蓮教等等。以老莊思想及道教爲首的各新興教派，常成爲歷代王朝反亂的精神力量。這些新興宗教雖然可以成爲中國人的精神支拄，但是其實像是仍停留在社會失意人的慰藉而已。

能讓現實而勢利的中國人感到有魅力的仍然是臭氣相投、既現實又世俗的儒教倫理。儒教和佛教不一樣，既不討論過去，也不研究未來，只談現世的規範及倫理。因此，儒教中國歷史雖然幾度消沈，但也總能起死回生。

儒教雖然在秦朝因爲焚書坑儒而受到致命的打擊，但是到漢武帝時又再度復活。之後篡奪漢王朝的王莽建設儒教王朝失敗，漢末至六朝時代佛教成爲主流。

到了宋代，新儒教的朱子學再度成爲顯學，元朝之後又再興，隨著時代沈沈浮浮。

經過打倒孔家店的五四運動、文化大革命後，到了最近，又開始宣傳新新儒教，勢利的中國人實在無法沒有儒教。

但是儒教並非內心的信仰，而是經由外在的倫理規範所發展出來的勸善懲惡的理論，因此才會產生了一堆虛有其表的虛禮。

初期儒教所倡導的「禮」是遵守傳統的秩序，符合階級身份的行動規範是「虛禮」，朝貢和賄賂是「實禮」。之

後孔子主張「仁」，但是其實連孔子也沒辦法明確地定義「仁」的概念，因此近2000年來，中國文人對什麼是「仁」爭論不休，到今天仍是「見仁見智」。意思就是「仁」因人而異，如果有人認爲某種行爲是「仁」，那麼就是「仁」。所以警察有警察之仁，當然小偷也有小偷之「仁」。

中國人的精神世界中沒有「神」

爲什麼中國人的精神世界沒有神呢？我個人的看法是：中國人無法禁慾。人沒有那麼簡單地可以成爲神，貪心的中國人更無法了解神。

禁欲主義在宗教佔了很重要的角色，貪慾的中國使得宗教很難發芽成長。

而且過度世俗化的中國人，早已經精神頹廢，而無法理解到底什麼是神。當然任何文化都可能有這樣的時期。不用說曾經有宗教革命的基督教文化也曾經有過這樣的時間，世界各地都有世俗化的現象，只是程度的差異。

接著世界從近代化開始現代化。在這裡想先強調近代化和世俗化是不一樣的。所謂的近代化以自然科學、社會科學等科學技術爲中心的文化。

中國沒有神的另一個理由是，過度的世俗化使得中國只剩下土俗的宗教。道教集土俗宗教之大成。道教雖然不等於土俗宗教，但是道教卻有許多民俗宗教及土俗宗教的要素。

土俗宗教雖然有類似守護土地的精靈信仰，但是卻沒有到創造「神」的地步。道教信仰的基礎仍在「能得到什麼好處」。人爲了要在精神世界找到慰藉而求助於神，過度世俗化的中國，與其求助於精神世界，不如在現實世界獲得利益。

結果精神世界漸漸消失，最後只剩下儒教及道教可以支持心靈。於是儒教的「聖人」，道教的「道士」、「仙人」就成爲崇拜的對象。

中國人無法了解「靖國神社」

「靖國神社」是中國「反日專用」的外交牌。自從中國發現「靖國神社」是張不可多得的王牌以後，想要物盡其用便教育民眾反日。因此自90年代起，不同於日本人心中的「靖國神社」便深植在中國人的心中。

把靖國神社說得好像是新興的邪教，參拜靖國神社就是「邁向軍國主義」盡其所能地污蔑神社。中國人本來就不可能了解日本人的心及靈魂，也可以說是中國人了解日本文化的界限。

本來，中國人對和自己不一樣的習俗及想法便視爲「非我族類」，中國對夷狄的大屠殺的理由便是「非我族類」，對夷狄只想華化、德化及王化。中國對華化的力量有絕對的自信，並且相信終有一天全世界會爲中國文化而傾倒。這是

在中華文化下長大的中國人的特徵。

另一方面,同樣也有巨大人口的印度卻完全不一樣。印度不強求被征服民族也得同化,而是以階級與異民族共生。

中國人只能理解自己的祖先,對他人的信仰、祖先完全無法理解,不但不關心也不了解,卻可以懷有敵意。

因此中國人可以死守自己祖先的墳墓,但是對於他人祖先的墳墓,卻可以開棺、盜墓。

最冷血的是中國人對敵人的絕對不寬容。在《史記》等「正史」中,動不動就開棺鞭屍,岳飛也要「壯志飢餐胡虜肉,笑談渴飲匈奴血」。

對日本人來說,最不能理解的是對死者的凌辱,因為在日本,人只要死了就是神了。

中國挖仇人的墓、鞭屍有很長的歷史,這也是中國人崇拜祖先的另一面。一旦被視為敵人,便連死人也不放過。日本人則剛好相反,日本有所謂的「禊祓」,也就是利用宗教儀式除去人所有的罪及污穢。

日本人有「山川草木皆成佛」的思想,也有祭弔不論敵我死者的傳統,但是這在中國人看來卻是可笑而愚昧的。

吾人應當不可忘記,中國人不但不能了解「靖國神社」,中國人也不原諒別人有異於中國的價值觀。

威脅利誘才能讓中國人推磨

要駕馭馬必須要有鞭子及紅蘿蔔，調教狗和猴子也一樣，換句話說必須要威脅利誘雙管其下。人也是動物，需要有動機，更不用說超級現實的中國人了。

不但馬基維利的《君主論》指出這樣的原理，約2000年前戰國時代的韓非也有同樣的看法。《韓非子》的統治法，至今仍被許多管理階層視為典範。

根據韓非的分析，中國人為什麼以「利」為優先是因為「資源的有限」。由於資源有限，使得中國人不得不你爭我奪。

在人口少的時代，自然資源也相對較豐富。但是早在春秋戰國末期，中國的人口就已經太多，使得資源不足。因此，本來與自然的搏鬥，變成人與人的搏鬥。

有關中國春秋戰國時代人口，有許多的說法。根據梁啟超的推定大約為3000萬人。這是2000年後日本江戶後期到明治初期的日本總人口數。

根據韓非的理論，春秋戰國時代由於人口過多，人人互相爭奪資源，因此必須依靠「法」來設定遊戲規則。因為「仁」、「義」已經不足以維持社會的安定。

至於要如何爭奪並且掌控資源，甚至操控人心，組織徒黨，專門研究這類方法的「人類學」開始「百家爭鳴」、

「百花齊放」。

　　讀《韓非子》可以發現現代的中國人和古代的中國人幾乎沒有什麼改變，江山易改，精神文化難移。

　　據說秦王政也就是之後的秦始皇，在讀《韓非子》後大受感動：「嗟乎，寡人得見此人，與之游，死不恨矣。」韓非的《韓非子》雖然是本思路整然有序的大作，但是韓非本人卻不善於口才，最後被李斯害死。

　　的確中華帝國的建國原理有許多地方是參考法家韓非的理論。但是不論韓非多明白治國之道，對馭人之術有過人的觀察力，但是結果韓非還是無法自保，這可以說是大學者的命運。

　　要控制中國人只能威脅利誘，只要仔細觀察中華帝國歷代的帝王學即可明白。要解讀中國人時必須注意的是，不可過度相信儒教文化對中國人的影響：「中國是仁義禮智信之邦，只要以禮相對，必會以禮回應」。

　　當然也有陰儒陽法的看法，實際上中國的國家原理是恐怖政治。只要先祖代代在這樣的環境出生長大，對於威脅的恐懼便會刻在DNA上。

　　除非中國人，要不然很難了解這樣的感覺。在中國的統治之下，任何人都暗自希望可以平安無事地過日子。李前總統曾和日本作家司馬遼太郎說，希望建立一個「晚上有好眠」的國家。

　　日本人大概很難了解這樣的心情。但是中國人卻是時時生活在充滿恐怖、不安，不知道哪一天會被抓去、鬥倒的生

活當中。也沒做什麼犯法的事情，卻在某一天的晚上突然被逮捕。這是一黨獨裁專制的恐怖。

不論是誰當家，就利用人類對恐怖的心理，不這樣政權無法安定。要不然就是利誘，貪污、挪用公款是家常便飯，對中國的官僚來說，如果有一天，再也不能貪污、也不能收受賄賂時，這個國家還有什麼值得留戀的嗎？

沒有了「好處」，作官的還想當官嗎？恐怕，作官的第一個落跑。如果自己成天生活在威脅利誘的社會，那麼對外國也就會自然而然地採取這樣的手段。中國對日本的政治家、學者、企業也是這樣，一面施加壓力，一面給予利權。

中國人除了「利」以外還有什麼其他的動機？老實說沒有。譬如要面子，滿足虛榮心也可以算是動機，但是卻非常地薄弱。

我的朋友在北京經營珠寶店。有一天他想慰勞當地的員工，於是便召集了所有的人，並且送每個人禮物，結果當地的秘書卻提醒他這樣做不好。

女秘書說，送禮物要個別送而且要私下送，不然大家都不會當一回事。如果要好好掌握員工的話，就要讓員工覺得自己最特別、最重要，所以才有禮物，這樣才能建立人與人的直接關係。這樣一來，大家才會替老闆賣命。

大家都知道老闆賺最多。因此老闆也必須有會招人妒的自覺，總有一天一定會有人窩裡反。因此如果不能把員工當作奴隸般地完全操控的話，就難保公司能長久。

只要有「利」，中國人一定會積極地行動，其他什麼面

子問題等等，其實也都是「利」的另一個面向而已。對中國人來說，在「利」之前，萬物無力。

中國人的「義」要讀作「利」

把《孟子》裡的「義」當作「利」來讀的話，就可以了解中國人的真理，這是日本人在近代的大發現。

孟子是戰國時代的人，孔子活躍於春秋末期。孔子主張的是「仁」，雖然孔子時代也有「義」，但是在當時，並沒有被重視。在孟子的時代，「仁」之後加上「義」。

「仁」之後加上「義」，是因為「仁」的不完全。「仁」是個非常模糊的概念，是空想的人類之愛，就連孔子也無法定義「仁」。

為了對抗孔子的「仁」，產生了許多意識型態，譬如墨子主張「兼愛」，也就是「博愛」。也就是「仁」是家族愛，是小愛，必須博愛。

老子更是完全否定「仁」。老子首先提問「為什麼需要仁」？是因為「大道廢」所以才需「有仁義」。那麼仁義又是什麼？因為「仁」已經無法對抗許多的思想及意識型態，孟子才需要在「仁」的後面加上「義」，以強化再生。

《孟子》也對「利」多加批評。魏惠王對孟子說：「叟，不遠千里而來，亦將有以利吾國乎？」，孟子回答：「王何必曰利？亦有仁義而已矣。」在我學生的時代，這段

是高中必背的一段。

春秋時代，功利主義盛行，兵家主張「有功給賞」，法家也主張「賞罰分明」。爲了對抗這個功利主義的風潮，孟子主張「義」。

其影響到今天中國人仍不怎麼提功利主義。表面上說「義」，視「功利」爲禁忌，但是孟子對「利」的批評，其實是孟子的僞善。

孟子所講的「義」，非常地空虛，到底什麼是「義」？「義」的定義不但不清楚，而且「義」這個字無法單獨存在，必須加上「仁」，才是「仁義」，加上「道」，才有「道義」。

換句話說「義」是用來強調字義及語義，許多儒學者也注釋、注解「義」，但是還是很難懂。

儒家所謂的五倫（或五常）：「仁義禮智信。」在日本聖德太子的時候便傳到了日本，由於「仁」和日本的風土不合，所以在日本變成了「誠」或「和」。

在江戶時代朱子學盛行之前，伊達政宗便在家訓中指出了仁義勇的缺點：拘泥仁是懦弱，拘泥義是固執。可是說是對倫理道德的警惕。

《孟子》傳到日本之後，其「義」大於「利」的內容不變。但是到明治初期，西南戰爭中被判以企圖謀反之罪而入獄5年的陸奧宗光（1844～1897），在獄中熟讀《孟子》，並且翻譯了邊沁（Jeremy Bentham）的《道德與立法的原理》。陸奧宗光發現將孟子所說的「義」，讀成「利」就對了。

　　「義」和「利」常常成爲議論的主題。由於「義」等於「利」，沒有「利」的「義」等於僞善，「義」和「利」本來不是對立的概念，沒有「利」，「義」就無法成立。

　　中國人雖然常常說「義」，但是對中國人來說「義」和「利」並非兩選一，而是「義」是嘴巴講的，「利」是心理想的。

講到錢就變臉

　　中國人常說，中國人最重面子，爲了面子連命都可以不要。不過這不是眞的，中國人最優先的不是面子。當然對有身份又有地位的人來說，爲了保持其地位及權威，有時面子的確是比命還來的重要。

　　但是對一般人來說，要在競爭激烈的中國社會生存，不管多有才能，不學學厚顏無恥黑心的厚黑學就很容易被淘汰。

　　因此不論在什麼年代，「厚黑學」都肯定是排行榜的暢銷書。像中國人這麼現實又勢利的民族，「好處」當然是比「面子」重要多了。

　　由於中國在中華人民共和國成立到文革之間，常常將「政治掛帥」掛在嘴邊，因此許多日本人誤以爲中國人是個意識型態優先的民族。

　　其實不然，不論多激烈的三反五反運動、反右派鬥爭、

文革等生死大對決，看起來彷彿是意識型態的鬥爭，其實是奪權之爭。

對中國人來說，家族之間意識型態不同是常有的事，但是就算意識型態不同，也不會殺起來；可是一到分財產，就是「親兄弟明算帳」，不用說告上法院，還可以互相廝殺。對中國人來說，錢比命還重要。像日本人「人的生命比地球還重」的生命觀是不可能在中國存在。

為了國家、民族「犧牲小我，完成大我」等，其實只是為了掩飾以私利私欲為優先的真心話。

過去「蘇聯一邊倒」時，舉國盛讚蘇聯是以社會主義為原則的理想國；沒多久，中國突然翻臉變成「親美反蘇」。中國不斷高聲地強調「自力更生」，但是一改革開放，便立刻「他力本願」，能變臉變得那麼快是中國人的絕招。

日本人以為中蘇的決裂是意識型態的分歧，其實中蘇對於革命路線爭論只是表面的，實際上還是國益的衝突。

文化大革命初期時也是這樣。大部份日本的知識份子都為文化大革命的純粹性，受到感動，甚至相信人間的樂園就近在咫尺就在中國。禮讚文革的文人、學者不在少數，60年代後半，許多日本人深深受到文革的吸引。

隨著林彪事件、毛澤東的過逝、四人幫的被捕，日本人好不容易才明白，文革只不過是中國的奪權鬥爭一大事件。到此為止，日本人始終無法看穿中國人的本性。這裡也可以看出，日本人的單純。

文革後，鄧小平那句：「黑貓白貓，只要會抓老鼠都是

好貓。」在日本也很有名。這句話本來是鄧小平紅軍時代同志劉伯承元帥故鄉的諺語，據說鄧小平常聽劉伯承講。

由於鄧小平坐上最高位子後也常常講這句，使大家誤以為這是他的話。文革時代《毛澤東語錄》的「造反有理」也非常具有象徵性，這裡的「有理」讀成「有利」，就可以看到文革的本質及真理。到了改革開放時代，「黑貓白貓論」取代了「造反有理」，黑貓白貓論也可以說是時代的象徵。

但是聽多了「黑貓白貓論」，中國人打起了油詩。充份展露中國人實利的精神：

> 不管白狗黑狗，跟著老鄧就是好狗。
> 不管土貓洋貓，能管好企業就是好貓。
> 不管白馬黑馬，能夠贏錢就是好馬。
> 老貓不是白貓黑貓，是個不逮老鼠的紅貓。

就中國史看來，中國史上單純爲了理想、理念、真理或者意識型態而行動的人實在太少。《史記》裡的刺客列傳是少見的美談。

「正史」的孝女、忠義列傳裡的人物，毋寧說是奇人或者怪人。歷史的主流脫不了父子、兄弟相殺，不如說中國歷史就是一部骨肉相殘的歷史。即使是父子、兄弟，只要利害相互衝突，便得互相殘殺，你死我活不可。

「走後門」就是指賄賂時要從後門進去的意思。現在中國是世界聞名的賄賂天國，特別是在改革開放後，「向錢

看」的政策更是加速了這樣的風氣，不過這本來也就是中國的傳統文化。

即使是中國著名的知識份子，一講到錢也是態度180度大轉變，讓日本的學界大嘆：「怎麼沒有半點文化人的風範。」譬如著作要在日本翻譯時，要求的版稅遠遠超過日本的行情，結果兩方常常因為錢鬧得不歡而散。

以及有關照片肖像權的版權也是如此，首先漫天減價，日本方面計算的結果，覺得這樣的價錢不敷成本，正要放棄時，中國方面馬上大打折扣，說只要一折的價錢就行。

甚至有時還說「老朋友」免費，要人感恩戴德。

我有個在製藥公司擔任高級主管的朋友，向中國購買藥品的原料，對方說：「全中國一年只能生產這麼多，非常地珍貴，但是全部都賣給你。」於是這位朋友花了大錢買了一年分的原料，心想：「這樣今年的生產就不用擔心了。」但是錢才剛付完，聽到剛從海外出差回來的員工報告：同樣的原料以五分之一的價錢賣給香港公司。

更驚訝的是，原料的生產根本不虞匱乏，但是為時已晚。在中國，絕對不能輕易相信別人的善意。

從建國到文革結束之間，中華人民共和國在「制度」上有「社會主義體制」，沒有「市場經濟」機能。除了高級幹部以外，全國民過著「僧侶式的禁慾生活」。就算有錢，還不知道要怎麼花。

但是隨著改革開放政策，導入了市場經濟之後，對中國人來說「開放」等於「解放」。在解放的時代，人類的本

性毫無隱藏地顯露出來，現實又勢利的中國更是這樣。隨著改革同時刮起的「向錢看」風潮，像決堤的水庫淹沒了全中國。

全民「向錢看」

「中國人是商人，日本人是匠人」從前有此一說。中國人很會做生意是許多人對中國人的印象，其實不然。

徽州商人及溫州黑道、潮州華僑的生意手腕的確非常有名。但是這只是極少數的一部份。會做生意的地區大都土地貧瘠，因此只能靠做生意來求發展。

本來，中國就不是商業大國而是農民之國，所以自古以來物流便不發達。

到了漢帝國之後，中國一直採取農為本，商為末的重農輕商路線。因此「士農工商」，商人老是被排在最後一位，社會也壓迫或迫害商人。

到了人民中國的時代，基本上對商人的賤視並沒有改變。對敵視資本家的共產主義來說，說當然也是必然。但是改革開放後，即使是自古輕商的中國，也流行做起生意。

社會意識急速地改變，不管張三李四王二麻子，大家都搖身一變為商人。通稱「下海」的「經商熱」，使得在社會主義中國幾乎滅絕的人民之敵——商人復活，變成「十億人口十億商」的時代。

　　當然，就算全國人民都想做生意當商人，卻也不是每個人都適合當商人。只有有商才的人才能嶄露頭角，可以隨著「改革開放」謳歌「社會主義市場經濟」，獲得財富。

　　在過去計劃經濟時代，「權力」才是一切。到了社會主義市場經濟時代，權力可以花錢買。換句話說，只要有錢，可以買到任何東西。

　　　　用我手中錢　　買你手中權。
　　　　靠權行方便，會夥賺大錢。

　　　　無錢有權，以權換錢。
　　　　有錢無權，以錢買權。

　　在社會主義市場經濟中，「權力」是可以買賣的「商品」。一般民眾稱這樣的官僚為「官倒爺」、「大倒爺」。

　　即使如此黨官僚在社會仍有一定的地位，因為不管有錢沒錢，大家還是都想要「權」。中國有：「上山下山問漁樵，要知民意聽民謠。」的諺語。

　　因此與其聽學者專家的高談闊論、歌功頌德，都不如這些打油詩來可以更了解中國社會的實相。

錢可以買到權的悠久歷史

金錢至上、拜金主義、為錢亡命的風潮在改革開放之後的中國蔓延。中國人將一切怪罪於「資本主義的污染」。

其實中國人本來就是金錢本位主義，只是隨著改革開放的風潮表面化而已。的確在社會主義革命後的中國，曾有一段時間，商人從社會消失。市場只有在國有企業才運作，特別是在人民公社的時代，民眾過著和僧院一樣的禁欲生活。

即使有這樣的時代，但是若放入中國史來看，也是一瞬間而已。在社會主義市場經濟開放後不一會兒，中國便陷入全民個體戶的風潮來看，中國人其實是很喜歡做生意的。

過去被壓積的本能、欲望，像火山爆發似的席捲了整個中國。

只要讀讀中國史就可以知道中國人是為錢亡命的民族。

譬如春秋戰國時代，記載了各國市場繁榮的景像，其中齊的首都臨沂，及魏的大梁特別有名。《史記》的〈貨殖列傳〉中也有不少富豪登場。漢的時代之後，由於獨尊儒術，重農抑商成為國家政策。但是此時貨幣經濟已經登場，生意成功的商人「買官賣官」。

極少部份的支配者及政府高官掌握中國絕大部份財富的經濟構造，其實早從漢代就已經開始。當然之前的時代，不是沒有，而是在漢代時，以國家構造的問題而浮上了枱面。

在春秋戰國時代，官職可以買賣，但是到了漢代，連丞相太尉御史大夫、將軍也可以喊價。換句話說，只要有錢，就可以帶軍出征。

到了隋唐時代，開始了科舉制度，但是「買官賣官」並沒有因此而消失，官位和爵位的授受以出價的高低來決定。

不但「錢」可以買「權」，還有「富可敵國」的權臣，其中以清乾隆帝時的和珅最為有名。

和珅是乾隆帝的寵臣，軍機大臣兼內務府大臣，做過戶部尚書、議政大臣權極一時。他所貪污得來的財產，幾十年也數不完，乾隆帝死後被嘉慶帝肅清，和珅被沒收的財產據說高達八億兩。當時清的歲入才8千萬兩，歲出2千萬兩，換句話說，和珅的財產相當於清國40年份的國家總預算。

因此用金錢買權力的傳統，代代相傳從古代傳到了人民政府時代。

特別在權和錢牽扯不清的現代中國社會，當然，金錢與權力的交換更是盛行。也可以說是「權、錢辯證法」。「權」等於「錢」，不但發音類似，兩種互有辯證法的關係。

譬如「權錢交換」，意味著權力和錢力的直接關係。因此，對賄賂沒有罪惡感。不如說，如果沒人賄賂做官的，反而是瞧不起這個官，覺得沒用的意思。不貪污不是清廉，是官太小。這種風氣使貪污橫行，其總額高達中國GDP的1/4～1/5左右。

馬克斯・韋伯指出中國是「家產制國家」，也就是只要

有權，就有錢，有錢可以買權的國家構造。

這樣的時代，絕非已經過去。的確，隨著時代，國家的體制有所變化，但是中國自從封建社會在春秋時代崩壞之後，國家朝著「中央集權」發展。在秦漢帝國時，形成了豪族社會，到了六朝是貴族社會。宋之後的大眾社會使得貴族消失，地主抬頭。

但是即使這樣，國家屬於一族、一姓家財的構造仍然沒有改變。到了禁止私有財產的人民共和國時代、文革時代，產生了人民公社。人民公社時代，權力和錢力的力量一時減退，回到了原始共產制的生活共同體。

1985年人民公社解體之後，商品經濟和貨幣經濟發達，市場經濟的發展也使得中國傳統文化的金權辯證關係，再度甦醒抬頭，並且加速發展、緊密化，進而產生了由上而下的「向錢看」風潮。

現代中國「錢權」關係急速表面化的原因，在於國家的許可制。國家保護下商品的經濟、貨幣經濟、市場經濟的發達，使得「生意」上的權力及金錢關係變得十二萬分的重要，而這樣的環境成為貪污及賄賂的溫床。

結果造成「權買錢，錢生權」社會的復活。親中國的學者當中，有人認為改革後的中國人是突變，這真是天下第一大的誤會。中國人的本質並沒有隨著時代及國家制度而改變。

反而，中國社會必須利用賄賂才得以推動運轉。今天中國沒有錢買不到的東西，不但可以買人的歡心，連神也可以

用買的。

無法禁絕的貪污

　　在日本只要和國家行政有關的可以統稱「官吏」，在中國史上「官」和「吏」是分開來的。「官」算是「國家公務員」，通過「科舉」（國家考試）的就可以當官。不過更嚴密地來說是，通過科舉，才只是「官的候補」而已，「官候補」得等待時來運轉被拔擢的時機。

　　「吏」相當於「地方公務員」，而且是無給職。當官的得會講「官話」（因時代不同，大多是皇帝的母語），被派到地方的是「地方官」。

　　中國官僚任命制度的特徵之一是「不久任制」。也就是官僚不會在同一個地方待太久，短則1年，長則3年。另外還有「回避制」，也就是不會在自己的家鄉當官，還有親子、同族、同門也不能在同一個地方當官，這是為了要避免地方勢力的勾結。

　　在人民共和國政府時代的中國，為了實現無產階級專政，必須抹殺民意、「山頭主義勢力」。因此中國便派遣不通當地方言、或者互相敵對的地方出身的黨書記，以控制地方勢力的抬頭。特別是幾乎沒有民意基礎的革命第三代江澤民政權、第四代胡錦濤政權，更是積極強化這個自古以來的「不久任制」及「回避制」。

官說的是「官話」，不會講當地的方言，擔任翻譯的便是「吏」。由於官不是世襲制，就算父親當官，其子也無法繼承其官位，但是吏卻可以世襲。不會當地的方言，想當吏也很難。

做官得應酬，和地方有力人士交際是當官的工作，用公費吟詩、作畫、彈琴、喝酒，也可以「官官接待」。

「吏」的工作是抽稅。「吏」雖然是無給職，但是權限大、油水多，能撈儘量撈，撈到的不忘分給「官」一點是當「吏」的處世及保身之道。

這樣官、吏貪污也可以說上政治制度的問題。因為「吏」是無給職，沒有薪水，得自己「生財」。「官」雖然吃公家飯，但是卻也不高。因此官吏貪污的問題，不停地在中國史上循環。

當然朝廷也並非默認官僚的貪污。反而，如何培養清廉的官吏一直都是各個朝代的最大命題，也是最大的煩惱。對皇帝來說，也不希望見到自己的國家財富成為官僚的囊中之物。不論哪個時代，君主和家臣都因為金錢問題而對立，用毛澤東喜歡的表現方式，可以稱之為「主要矛盾」。

譬如，清王朝也曾經改革過官僚制度，實行了許多培養清廉潔白官吏的政策，但都效果不彰。既然貪污是因為薪水太低，那麼便發「養廉銀」。

但是，貪污的情形仍然無法改善。結果又公佈：即使小貪也是死罪。

這樣總該怕了吧？

這樣太小看中國人了，對中國人來說，重罰的結果是「既然這樣，更要拚命貪」，這才是中國無法杜絕貪污的主要原因。

雖然制度上也有問題，但是若沒有死也想嘗嘗的好處，貪污是不可能憑空消失的。

無神就什麼也不怕

在中國執行的死刑，佔全世界的一半。也有報導說約佔全世界的3/4，說明中國死刑之多。中國的死刑也和器官移殖買賣有關。

亡命到美國的中國醫師曾在在美國的公聽會作證。由於移殖器官的不足，使得死刑犯器官的「市場需求」增加，但是就算是這樣也不能將倒楣的受刑人儘快送給死神，好提供給市場。

中國政府也認為反正中國人口多，凶犯又多，嚴罰、增加死刑不算什麼。從人民中國以前，殺雞儆猴的公開處刑就時時可見。

文豪魯迅的小說中，常常出現中國人圍聚在廣場看公開處刑的場面。據說由槍殺刑太容易，還是遵循古法的斬首刑最令人害怕又有效果。

這種公開處刑不限魯迅的小說，「正史」也記錄了許多。甚至還有在處刑後，政府將死刑犯的肉，以一錢、三錢

不等的價錢賣給圍觀民眾的記錄。

唐代的阿拉伯商人、英國上海領事館員都曾經記述這樣的事情。

我曾聽親耳聽過一位法醫學者說：中國的死刑受刑人對自己犯下的罪行都毫無悔意。

他們後悔的是「怎麼會被抓到」，明明有那麼多凶犯，怎麼就自己被抓到，為什麼自己那麼倒楣。

他們既不悔改也不反省，只哀怨自己不走運。文革時，中國人最常拿來罵政敵的就是「死不悔改」，但是這就是中國人的生死觀「人死萬事空」。

既然沒有神，當然也沒有天國跟地獄，也沒有來世觀及死後的世界，因此只能藉由追求現世的利害，來找到人生的意義。只要人的心中沒有神，這世上就沒什麼可怕，就越來越現實，越來越勢利，越追求今生今世的財富及絕對的權力。

最後，終會自己想要成為神，把自己的意思視為天意，抹殺民意，不把人命當一回事。譬如像毛澤東就曾經說，最好中國人死一半，這樣就可以在廢墟中重建社會主義社會。中國軍人也動不動就恐嚇要以核武、中性子彈攻擊台灣。

為什麼連這樣的話都能說得出口，簡而言之就是因為什麼都不怕，自以為自己是神。魯迅說「中國人不把人當人看」就是這樣來的。

第九章

所以中國到處討人厭

目前為止介紹了中國在全世界到處討人厭的情形，及其本質。

在這裡要再次將其原因整理如下：

1、牆頭草

戰後日本和中國之間的「友好」響徹雲霄，但是沒有比「日中友好」更令人毛骨悚然的字詞了。和中國人來往如果沒有「友好」這兩個字當表面前提，還真沒辦法跟他們交往。日本人和歐美人來往，不用大喊「友好」，還是可以維持非常良好的友國關係。

從前在太平洋戰爭時，美國還是日本的敵國，當時日本稱英美為「鬼畜美英」。即使有過去這段歷史，現在兩國不但有同盟關係，也以平常心互相往來，但是中國卻不然。

跟中國來往，得先和中國一起喊「友好」，其理由並非因為「非友好」的日中戰爭。不論過去有多大的摩擦、齟齬，在「舊金山和約」時，都應該已經清算完畢。

兩國戰爭之際，當和約簽訂時，兩國之間的紛爭便視為正式解決，但是只有中國，在簽訂「日中和平友好條約」之後，仍然不停地強調「友好」、「和平友好」。

為什麼中國得一直對外宣傳並且強調「友好」、「和平」不可？對中國來說，「和平」、「友好」是國家戰略的一環。

中國的古典《戰國策》、《韓非子》裡，有許多有關

「和平友好」的故事，換句較容易懂的話便是：「陷阱。」
譬如秦、韓對戰時，秦的商鞅以「和平友好」的名義，擺設
酒宴邀請韓公子卬，卻當場俘虜了韓公子，使得韓軍軍敗如
山倒。

　　秦王政也以「和平友好」為名目，邀請楚懷王一起共商
國事，結果楚懷王被綁架。這樣的「友好」在中國史上層出
不窮。

　　「友好」的前提是「信義」，但是中國有史以來就不
是信義之國。中國動不動就稱日本「友好人士」、「友好團
體」、「掘井恩人」等好聽美麗的辭句，玩弄了許多日本
人。

　　中國「友好」的對象，不論是個人或是團體，都持續
不久。昨天的敵人是今天的朋友；今天的朋友到了明天，又
可能是敵人。是敵人還是朋友都要看中國的情形、中國的方
便，隨時都可以改變。

　　也不知道是不是「物極必反」還是「陰晴圓缺」。只要
回顧一下中蘇、中印、中越戰爭，就可以明白中國是如何在
利用「友好」，中國的「友好」有多恐怖。

　　最重要的是「友好」的解釋權在中國。如果中國覺得這
樣「不友好」，那麼就是「不友好」。日本人到頭來還是搞
不清楚到底怎樣才叫「日中友好」。

　　結果只能對中國阿諛奉承。中國說什麼就是什麼，中國
人不喜歡的就是「不友好」；就這樣被中國人弄到神經質的
日本人還真不少。

　　中國人所謂的「友好」就是「聽老子的」，因此「友好」和「追隨」其實是同義詞。中國「友好」戰略的最大目的，是要確立「中華天朝友好秩序」。

2、狗眼看人低

　　中國人對不認識的人總是狗眼看人低，特別是地位越高的越是這樣。

　　日中剛建交時，是日中友好人士最活躍的時代，當時他們常常被招待到中國參觀中國社會主義建設的偉大成果。

　　他們先到革命的聖地巡禮，參觀偉人毛澤東的故居，還有農業大寨、工業大慶及人民公社的模範地方。許多日本人因此大受感動，回到日本宣傳社會主義建設之下的中國有多好又有多好。

　　就在這樣的參觀當中，一位高級幹部：「去！去！去！」的像趕狗般地趕前來圍觀外國人的村民。即使努力宣傳日中友好的日本人看到這樣的情形，心裡也覺得很不是滋味。

　　日本的漫畫也曾經調侃中國政府發言人召開記者會時，老是一付找人吵架的態度。

　　中國人好像只能靠這樣來壓對方、威嚇對方，讓對手怕是中國人滿足自我的唯一方法。

　　中國諺語說「新官上任三把火」，也就是說新官上任時，得先用這種威嚇的態度，讓地方的民眾先感到「害

怕」，將來才能順利地治理。

和中國人剛好相反，日本人就非常地內斂、客氣。中國人只有在上下關係十分明確時，才不敢狗眼看人低。

中國人對地位比自己高的人，總是低姿態，為了達成目的而徹底地阿諛奉承，為了討對方的歡心，什麼事也做得出來，十足地「如顏婢膝」。

魯迅說：「中國向來就沒有爭到過『人』的資格，至多不過是奴隸。」

就是因為中國人平時狗眼看人低，又對位高權重的人阿諛迎合八面玲瓏的態度，使得中國人到處討人厭。

3、沒良心

中國人是非常沒有良心的民族。特別是對他人沒有側隱之心。美國宣教師Arthur Henderson Smith著有《中國人的性格》（Chinese Characteristics）。史密斯在中國從事了54多年的宣教活動，研究了中國人的民族性，最後得到的結論是「中國人是沒有良心的民族」。

曾經為文寫說自己深受這本書的影響魯迅也說：「一面制禮作樂，尊孔讀經，而一面又坦然地放火殺人，姦淫擄掠，做著雖蠻人對同族也不肯做的事。」

孟子在「性善說」主張「側隱之心」，王陽明也主張「致良知」，也就是中國不是沒有「心學」，但是主張歸主張，倡導歸倡導，有沒有側隱之心、良知，卻又是另外一回

事。

　　孟子說，如果有小孩掉進井裡，不管是不是自己小孩，都會跑去相助。主張「性惡說」的荀子則認爲，如果人性本善的話，還需要特別強調、勸善懲惡嗎？荀子的主張眞是一針見血。

　　人對他人的順利總是會有嫉妒之心，中國人的這種傾向特別強，又稱之爲「眼紅病」。「欺生」（欺負生人）、「嫉富」（嫉妒富人）是中國人普遍的心理。

　　還有「幸災樂禍」，一點同情心也沒有。不僅「別人的小孩死不完」，還「反正中國人太多」，只有一發生火災、水難就有成群看好戲的群眾圍觀。

　　這並不是因爲中國人討厭人，而是如魯迅所說「不把人當人看」，極端的自我本位「只要我活著，大家都死掉」也沒關係的性情。

　　我最好奇的是，爲什麼中國人會沒有良心？不只沒有良心，而且總將他人當敵人，這樣的心理應該是來自儒教的影響。

　　如果將中國、韓國等儒教社會歷史和世界各國歷史相比較的話，可以發現儒教社會是凶惡犯罪橫行的不道德國家。這是來自於儒教的道德教育，儒教倫理不是來自內心的自發倫理，而只是教導勸善懲惡。

　　不論是善、或是仁都是由外在的強制道德，反而剝奪了人本來內省自律的良心。在中國悠久的歷史中，中國人漸漸失去良心，成爲十足的僞善者。

4、不把人當人看

　　說「中國人不把人當人看」的是魯迅，有這樣想法的人不只魯迅，也是現代長住中國的外國人的心聲。

　　過去，中國人把所有的外國人當作夷狄，視之為禽獸，和英國人為「猓猺狸」，對國內的少數民族的稱呼也都加上犬字旁：獞、玀玀。

　　我記得在小學的教科書中，少數民族的族名大多是犬字旁。到了中華人民共和國時代，為了響應國家的「民族政策」，才去掉這些犬字旁。

　　本來，中國人不只對外國人及少數民族，只要不是自己人，都不把人當人看，這也是中國人所說的「非我族類」。

　　內戰時，「中國人不打中國人」的標語盛行一時，這是因為當時的共產黨在國共內戰中佔劣勢，目的是為了要讓紅軍起死回生。

　　90年後，中國對台灣喊話「中國人不打中國人」。只要台灣人不追求獨立，承認自己也是中國人，中國就不對台灣人出手的意思。反過來說，如果台灣人不承認自己是中國人，那麼中國就不惜動武。

　　中國人到底有沒有「人類」的概念非常值得懷疑。以自我為中心，非我族類便不當作人，夷狄也不是人，只能以利害關係判斷事物。

　　那麼，中國人把同胞當作人了嗎？這也很值得懷疑。至

少我個人的觀感是即使同樣是中國人，對中國人來說，只有自己人才是人。

魯迅在他的作品中也多次提到。魯迅雖然是中國的文豪，但是在中國卻被視為奇人、怪人，中國人對魯迅的批判絲毫沒有反省之意。

魯迅的《狂人日記》中，總括中國史為「吃人史」，這雖然很極端，但是中國人缺乏人性正是其之所以討人厭的原因之一。

5、不守約定

在日本，我常常聽到日本人感嘆「中國人真恐怖」，不知道什麼時候變臉，不管簽了多少契約，說翻臉就翻臉，而且翻臉不認人。

在中國毀約才是正常，日本人總要受騙上當好幾次，才發現、開始了解中國人的國民性及做生意的習慣。

最恐怖的是和中國人訂口頭契約，一翻臉「沒說過」就完了，就算有「白紙黑字」，到最後，也只不過是一張白紙黑字。

毀約告上法庭也沒有用。中國的法院裡這種案子已經堆積如山，根本超過了法院可以處理的能力，因此要等到有結果，不知道要等到幾時。

中國是人治國家，要解決和中國人之間的糾紛，不能靠法，得靠政治，或者黑道等「專家」還比較快。

　　若要了解中國，就得了解歷經5000年培養出來的「騙人文化」、「謊言之國」已經成為國民的國民性。中國人之所以「不相信人」也是其社會的歷史產物，毀約、謊言、欺騙充滿了日常。

　　中國人不守契約並不限於個人、公司行號、及團體，甚至可以擴及國家層次。連中國政府自己也承認，這個國家最缺的就是「誠信」。對中國政府來說，承認歸承認，信用還是不能守的。

　　雖然美名為「人民共和國」，但是國家的眼裡就是沒有「人民」。國家領導人講話，一定是想要對國民掩飾什麼，國民也心知肚明，卻也什麼都不能講，因為中國是言論封鎖的國家。

　　結果，中央的政策誰也不支持，「上有政策下有對策」，不管政府如何嚴罰，總有法律漏洞，總有短路可以抄，沒多久政策就被抽斷筋路一樣，成為有名無實的政策。

　　不僅如此，只要政府說要改，立刻就可以改，朝令夕改一點也不過份。許多日本企業聽到中國政府的特惠措施後，紛紛到中國投資設廠，但是一到中國，剛設完廠，所有的條件又都不一樣了，不但稅制改變，還溯及既往，連稅制變更之前的稅金也被追繳。

　　中國政府還對人民「打白條」，白條就是票據，但是誰也不知道什麼時候才能兌現，到最後，白條成為一張廢紙。

　　中國每改朝換代一次，政府所發行的紙幣就變成廢紙一張，人民好不容易堆積的財富一夕之間成為泡沫。

譬如，根據日清兩國簽訂的馬關條約第一條第二項「永久割讓台灣給日本」。但是中國卻無視自己簽訂過的白紙黑字條約硬要說「日本竊據台灣」。中國只要政策一改，之前不管簽過什麼國際條約，立刻翻臉不認人。

結果，與中國之間的交換條約，有好像沒有，千萬不能以國際的常識來了解中國，到底中國會不會履約都得看中國的情形、方便、好處。

6、強詞奪理

台灣人對中國人的印象是「不講理」，又愛「強詞奪理」。中國的俗話說「秀才遇到兵，有理說不清」，「愛辯」是中國人的通性。

中國兵大多是文盲，道理聽不懂也講不通，只知道比拳頭的大小，中國人基本上也是這樣想，因為中國自古以來就是道理講不通的「兵營國家」。

那麼，假設中國懂道理，那麼為什麼不講理呢？不管中國人懂不懂道理，反正中國人都不講理，只有在對方佔絕對優勢時，才能讓中國人講道理，這時中國人就會唯唯諾諾地迎合對方的意思。但是一旦中國人佔了優勢，就不管什麼道理了，用蠻力叫對方聽話，才是中國人的方法。換句話說，中國人的「不講理」來自於對拳頭大小的過信。

這也是中國社會內戰、內鬥不斷，爭吵、糾紛不停的原因，在中國「力量大」才是一切。

　　中國人不講道理，卻又好辯、喜歡詭辯。譬如2002年江澤民主席訪問美國時，美國政府就台灣問題向中國表示，希望能以和平非武力的方法解決時，中國回答：「美國在南北戰爭時不時也動武了嗎？爲什麼美國可以動武？中國不行？美國眞是自我本位主義。」

　　還有，英國首相梅傑向李鵬總理表示對中國人權的關心，李鵬便回答過去在英國的租界有「中國人和狗不准進入」的牌子，英國以前也不尊重人權，因此英國沒有資格向中國表示意見等等。明明講的是現在，中國就要拿過去的事來模糊焦點，以封住對方的口。

　　對日本「認清歷史」的要求也是這樣，想要以領土、領海、反日暴動等來封住對方的口，這就是中國「強詞奪理」的態度。因爲逃避現在及未來的問題，便拿出對方過去的問題，來模糊焦點、混淆視聽。

　　台灣人非常明白中國的不講理，因此早就放棄要跟中國講道理。

　　當然，中國人對中國人也不講理。中國共產黨被中國民黨追殺時，高喊「中國人不打中國人」的口號，好不容易脫困沒多久，共產黨便徹底肅清中國國民黨，並將其完全趕出中國。到今天，中國人還是打中國人。

　　到了外國的華僑，便組織幫會，以中國城爲中心作吃喝嫖賭的生意，世界各地的中國城都是治安最差的犯罪穴窟。

　　還有中國幫派與幫派之間的血鬥，只要利益相衝突，立刻就成爲不共戴天的仇人，只能互相殘殺，而無法用溝通的

方式來解決問題。

7、死不認錯

住在巴黎朋友的太太告訴我，由於她的先生在法國經營電子公司，因此雇用了幾十位的阿拉伯裔的員工。阿拉伯裔的員工，也絕對不承認自己的錯，一定要拗成是別人害的，要不然就強詞奪理。當初她也以為是個人個性的問題，但是最後發現怎麼每個都這樣？

她很驚訝阿拉伯裔怎麼和中國人那麼像？因為她是台灣人，很清楚中國人的個性，因此盡量避免雇用中國人，結果沒想到結果卻一樣。

還是文化古老的民族就會養成狡猾的性格？但是阿拉伯裔卻很有宗教心，和無神的中國人多多少少還是有不一樣的地方。她說，中國人最可怕的還是，不知道他們到底會幹出什麼事來，所以感到恐懼。

日本卻完全相反，沒有必要也把「對不起」、「失禮了」掛在嘴上，有些日本媒體還主張日本人應該世世代代向中國人及韓國人道歉。

這樣的人在日本被統稱為「極左」，但是我覺得這種人不是「極左」，是自虐狂。有這樣的人，表示日本沒有天敵、外敵，所以才能天天把「對不起」、「不好意思」掛在嘴邊，時時對人體貼，為人著想。所以日本人一到外國反而必須要注意不能常常道歉，以免被當成凱子。

　　中國人絕對不認錯，就是因爲能堅信千錯萬錯都是別人錯，才能當中國人。中國的潛艦侵犯日本的領海，都是機器的錯，不是中國的錯。

　　反日暴動時，群眾攻擊、破壞日本領事館，也是日本首相參拜靖國神社的錯，不是中國的錯。千錯萬錯都是別人錯，自己一點也沒錯，自命不凡的中國人認定不管什麼國家，什麼對手都得讓中國幾分。

　　大部份的人也漸漸了解到中國人的自以爲是，而和中國人保持距離。結果沒地方去的中國人的活動範圍更拘泥，侷限在中國城裡。

　　在中國城裡，中國人跟中國人還是不停地鬥來鬥去，因爲裡面每個人都認定自己絕對正確，誰也不讓誰。這就是中國人。

8、到處犯罪

　　近年，中國政府鼓勵人民「走出去」。

　　因爲中國人口實在太多了，一胎化政策也無法讓人口減少，每4～5年人口便增加一億，政府也控制不了人口爆炸的問題。有關中國人口正式的數字是13億650萬人，但是根據中國科學院國家發改委的最新調查，2005年年底的人口約爲15億2000萬人，兩者之間差了2億多人。鼓勵人民「走出去」，對中國政府來說絕對不是負面的。

　　首先，讓民運人士「走出去」，只要民運人士到了海

外，不管他們如何叫囂反體制，對中國政府來說都不痛不癢。因此與其留他們在國內，不如讓他們到歐美，對中國來說還比較有利。

其次是犯罪的輸出。根據中央社會治安綜合治理委員會的報告，光2005年中國的刑事案件就高達370萬2475件。頻繁的凶殺案是造成社會不安的原因之一。但是問題是就算抓到了，也沒地方關，監獄的興建趕不上犯罪的增加。

因此這些凶犯若能離開中國，對中國政府來說就是省去一大麻煩。公安、軍、黨、政府高幹和蛇頭聯手將這些凶犯送出海外，還可以順便大撈一筆，結果中國每年偷渡到外國的人數高達一百萬之譜。

在中國「走出去」的國策之下，最熱烈響應的還是共產黨的高級幹部及其家人。根據中國共產黨中央組織部與公安部和國務院提出的報告書當中，到2005年末「走出去」的黨高級幹部及其子女有118萬7700人，其資產約有6000億美金。

國內過多的失業人口，若能到外國尋求自己的新天地，對中國來說也是再好不過了。中國的失業人口比想像的還要多，大學及專科學校畢業生的一半找不到工作。

另外，農業人口的一半，可以視之為失業人口。失業人口過多，當然社會就不安定，因此失業者若不想「走出去」，政府還得替他們大傷腦筋。

根據推算，現在中國職業的強盜約1000萬人，黑道約3000萬人，每年參加抗議、遊行、示威的人數約1000萬人。

當然中國的人口多，其數字總是天文數字，但是和其他國家的水準比起來，還是非常驚人。

而且，到海外的中國人犯罪率遠比在國內高，譬如日本的外國人犯罪中，中國人就佔了4成，中國人犯罪也是世界各大都市治安惡化的一因。

因為，外國社會不像中國社會一般不相信人，所以沒什麼警戒心，而且很容易相信別人。對中國人來說，簡直就是犯罪的天國。

香港每間公寓都有兩道門，人人躲在鐵格子裡生活、保護自己。反觀日本，不但沒有鐵門鐵窗，人也沒有警戒心。在中國人看來，好像是在說「來我家闖空門吧」。連路邊停放的車也大都沒有防盜裝置，如果有心要偷其實十分容易。

中國的凶殺案中，以滅門血案最多。在外國，中國人大都先找中國人下手。近來，連偷個錢也要殺人，但是中國人卻認為千錯萬錯都是沒有警戒心的日本人的錯。近年來，在世界各國急遽增加的中國人凶殺案件，應視為中華世界現象的延長。《世田谷一家殺人事件——侵入者的告白》（齊藤寅著，草思社）便詳述了以中國人、韓國人為核心，潛在日本各地的犯罪集團。對他們來說，犯罪也不會有良心的苛責，其手法極盡殘忍。

這些犯罪集團的大哥們，首先物色留學生、研修生，並將他們編入組織，在日本常常有中國留學生、研修生失踪的新聞見報，其大多都是進了犯罪集團，潛伏在日本的各地為錢亡命。

9、馬馬虎虎

我小時候最早記得和中國人有關的詞就是「馬馬虎虎」。這句非常能代表中國人的國民性及性格。

凡事慎重、小心、纖細的日本剛好是對照組。中國人工作時總是徹底發揮馬馬虎虎精神，草草完成工作，這個性質可以在中國製的商品中看得出來。

日本製商品以高品質聞名世界，中國製商品給人的印象則是粗劣，有毒、瑕疵品多。

但是中國製商品粗劣的原因絕非技術不好。在大量生產的時代，工場的機械可以做出均質的產品，照理來說，不管誰來做其結果應該都一樣。但是只要一到中國人的手上，就會出現瑕疵、就有問題出現，這都來自於中國人的馬馬虎虎精神。

為什麼中國人馬馬虎虎？根據文化論者及社會學者的分析，有各種的推測：大陸型的氣候、形式主義的社會風氣，或者後進社會的作風等等。

在亞瑟‧史密斯的《支那人性格》也寫到了中國人缺乏正確性及嚴密性，而且沒有時間的觀念。再加上民智未開，神經大條。這樣的性格產生的是沒同情心，不誠實，又不負責任的國民性。

中國人自尊心強，虛榮心也強，要體面也要面子，虛禮多，又缺乏誠意。

　　歐美自19世紀以來，便盛行中國國民性的研究，日本也出了許多名著。但是戰後這一類的研究，被中國視為「不友好」，甚至還有被視為對中國的諜報行為。

　　因此有關這方面的官方研究就成為禁忌。在日本的中國報導，不論對文革、改革開放都對中國極盡禮讚之能事，而中國的真相反而成為報導的禁忌。

　　由進出中國的日本企業所做的有關中國人氣質調查報告，卻靜靜地在枱面下流傳，對到中國投資、談判、生活的日本人有很大的幫助。中國人最常見的氣質就是：死不認錯，不管別人死活，只管自己，沒有協調性，好面子，愛體面，能得多少好處才做多少事，做事馬馬虎虎，所以到處討人厭。

10、沒國際常識

　　中國自稱是無產階級國專制國家，其實「無法國家」更符合中國的現實。誠如「朕即王法」一詞，皇帝就是「王法」。

　　大體上，歷史上的王制及帝政時代「朕即王法」是普通情形。但是中國不一樣的是，現代中國從國家領導人到地方小官都是「朕」，也都自以為是「朕」。

　　在一家一族裡面，家長也是「朕即王法」。當然不只中國，亞洲、非洲等也有這樣的情形，但是不同的是，中近東的獨裁者，有聖俗的力量在平衡，任何當權者，只要抵觸伊

斯蘭法，其地位立刻不保。

　　除了有「地上的法律」，也有「天上的法律」。但是在世俗國家、也就是無產階級專政的中國卻不一樣。在中國拳頭大的就是法律，任何法律在拳頭之前立刻萎縮，律法充其量只是個裝飾品。

　　中華世界自古以來就有所謂的中華思想，及維持中華世界的天朝朝貢冊封體制，因此中國常識有很長的一段時間，也是東亞世界，換句話說是「天下」的常識。

　　中華世界「天下」的常識在19世紀時開始崩壞，範圍更廣更近代的國際新秩序取代了中華世界的常識，並且成為國際的常識。中國自19世紀便一直不停地抵抗這個潮流，最後不得不開始遵守世界新秩序。

　　進入20世紀，中國封閉自我，而且稱讚自己的鎖國為「自力更生」。不過終究到了極限，而開始「改革開放」，並且不得不認同「全球化」及「國際化」。

　　但是中國就是這樣不乾不脆，想全球化又想確立中國的霸權；想國際化，義和團病又會突然發作。

　　加盟WTO，卻不想遵守條約，大量製造仿冒品，侵害他國的智慧財產，一方面卻又想跟世界要四大發明的版權。自以為大國，卻又要日本的經濟援助。干涉日本的教科書檢定，恐嚇關心中國人權的美國及西歐議會。

　　像這樣完全不遵重國際社會常識，反而還將中國充滿偏見的常識強壓到國際社會的天朝意識，是中國之所以討人厭的原因。

11、軟土深掘

軟土深掘是中國的國民性。也是台灣人對中國人的印象：徹底踐踏、並利用他人的善意及弱點。

因此台灣人和中國人接觸時，都會不由自主緊張、自我防衛，怕萬一被中國人知道自己弱點時，會遭到勒索。還好中國人這樣的國民性，以及對中國人必須有防衛意識，已經成為世界的常識。

譬如在地球的另一邊，阿根廷的首都布宜諾斯艾利斯「小心中國人」的紅色字條，貼滿了商店街的窗口。應該也有很多人記得，從前日本的居酒屋及小彈珠店前也曾貼過「中國人禁止入店」的標示。

本來，中國的領事館或大使館應該要對這樣歧視中國人的標語，嚴正抗議的，但是不知道是領事館假裝不知道，還是抗議了也沒人理。過去在上海的公園裡，也曾經有「禁止狗和中國人進入」的牌子。中國境內的這個牌子，成為西洋帝國主義侵略的象徵，曾經轟動一時。

小林善紀的《台灣論》出版時，在高雄的公園裡也真的有「禁止中國人與狗進入」的告示牌。

阿根廷的「禁止中國進入」的牌子，我本人不但親眼確認過，還拍了照片。

總而言之，對中國人的警戒心已經擴散到全世界。因為全世界已經藉由中國人所犯下的凶殺案件，以及日常生活中

接觸到的中國人切身感到中國人的可怕。

目前在日本的中國人，若包括偷渡犯的話，到底有多少人，連入境管理局也無法確實地掌握。但是若單中國人妻子，就超過20萬。

最近日本發生了多起中國人妻子為了詐領保險金的殺夫事件，震驚了日本社會。軟土深掘、利用別人弱點的性格已經刻在中國人的基因，真不知道中國人會在什麼在時機，幹下什麼驚天動地的事情，也不知道中國人心理到底在打著什麼樣的算盤。

12、動不動就恐嚇他人

中國悠久的歷史裡，培養出了恐嚇的文化。在《戰國策》、《韓非子》中可以見到：以威嚇、讓對方感到恐怖，再以暴力壓制對方。

中國對台灣的恫嚇是「文攻武嚇」。「文攻」並非言論的攻擊，還包括甜言蜜語，及言詞的威嚇。「武嚇」就如字面一樣，指「武力的誇示」。

中國對台灣的恫嚇包括「不聽中國的，就對台灣使用核武、中性子武器」、「南部人讓獨立派的陳水扁當選，解放軍要從南部上陸」、「陳水扁當選，就是戰爭」。

不只對台灣文攻武嚇。對日本也是一樣。「如果讓李前總統訪問日本」、「如果讓達賴喇嘛訪問日本」等等，中國防衛大學的朱成虎少將在國際記者會上，對美國核武恫嚇。

這樣喜歡耍流氓，動不動就恐嚇別人的國家，除了中國以外，世上還有幾個。像北朝鮮「要把首爾變成火海」、伊拉克的海珊也是動不動就恐嚇和自己不同意見的人。但是和中國相比都不算什麼，中國恐嚇的層次不同，而且讓所有的國家都嚇得半死。

不過，中國的恐嚇對台灣卻沒什麼效，不如說是反效果，但是中國卻每次都自誇自己文攻武嚇的效果絕大。譬如，1996年台灣總統大選時，中國為了阻止李登輝的當選，以軍事演習之名，在台灣近海發射飛彈，不但沒能阻止台灣的總統大選，李登輝也順利當上台灣第一屆民選總統。但是江澤民仍然得意地自誇說：「中國成功阻止了台灣獨立。」

中國為什麼對國內外只能用恐嚇的手段？因為中國已經完全失去了魅力。毛澤東時代還有「沒蚊子也沒蒼蠅、也沒小偷的地上樂園」、「解放人類」、「毛澤東思想」，外國也覺得生氣勃勃的中國很有魅力。

就算這些都是幻想，不管對當時的中國人、或世界來說，中國都很有魅力。但是在所有的辦法想盡，社會主義之夢褪色殆盡的今天，社會主義新文明的創造力也已經見底。就算在舊文明、舊文化的儒教文化前加上「新」，人們對不論「新儒教」或「新新儒教」都已經沒有了興趣，也感不到魅力。因為中國向國際社會發聲時，只會比大聲，只剩下恐嚇的手段。

大聲嗆媒體

作者：朱立熙
定價：200元

　　侵犯人權似乎已經變成家常便飯，好不容易才爭取來的「新聞自由」還未獲得好好發揚，卻已變成新聞工作者影響、限制、侵犯他人自由的尚方寶劍。為了搶奪收視率及廣告市場，侵犯隱私、過度採訪、甚至將「新聞自由」扭曲為「製造新聞的自由」，這種把假新聞拿來消費，「別人的痛苦、我的獨家」的從業心態，逐漸演變成媒體的「爆料」文化，已讓社會難再容忍……

台灣的祈禱

作者：宋泉盛
定價：230元

　　在台灣歷史上，台灣人民正面臨「牽一髮動全身」的時候。台灣的未來命運全繫在總統選舉的每一張選票。你的一票，小小的一張票，會決定台灣的何去何從。不要小看你手中握有的一票。你怎麼投你手裡的票，會決定台灣是否繼續是一個自由、民主的獨立國家，或是成為專制獨裁共產國家的附庸國。每一個選民應該三思而後投你的一票……

守護民主台灣

作者：向陽
定價：220元

　　《守護民主台灣》是著名詩人、評論家向陽對二十一世紀台灣國家發展諸多議題的觀察與批判文集。在這本書中，向陽以他長期在台灣人報紙《自立晚報》服務的新聞人閱歷、敏銳的政治分析，以及熱愛台灣的心、帶有情感的筆，寫出對於台灣民主轉型的思辨和論述。本書分為「右與左」、「綠與藍」、「弱與強」三輯，提出深刻論點，為民主台灣的新價值觀開拓恢弘的論述空間。

起造文化家園

作者：向陽
定價：250元

　　《起造文化家園》是向陽對二十一世紀台灣文化發展議題的論述文集。本書分爲「文化」、「教育」、「媒體」三輯，輯錄向陽近五年來針對這三大領域的析論……。向陽以台語詩的寫作於一九七〇年代崛起於文壇，迄今仍創作不懈；他自一九七九年與友人創辦《陽光小集》迄今，一直戮力於台灣新文化的重建論述；發表近五十篇學術論文，爲台灣研究的深化付出心力。

從哈巴狗變瘋狗

作者：盧世祥
定價：240元

　　台灣媒體生病了！新聞專業水準徹底沈淪！台巴孤兒吳憶樺監護權之爭，各新聞台爲搶收視率不惜以稚兒爲芻狗。許純美坐上主播台，十足新聞綜藝秀。地震奇人、天王、大師、名模充斥，凸顯造神、誇大與膚淺的歪風。主播名嘴彷彿白賊七，專業倫理不受重視，有問必錄取代查證，欠缺誠信放話挑釁，報導新聞有如撰寫小說，誇大、煽情、膚淺……

漂流台灣・虛擬執政

作者：陳儀深
定價：400元

　　國前國務卿鮑威爾曾公開宣稱：「台灣並非獨立，它並不享有國家主權。」

　　亞太資深主任韋德寧也指出，「台灣或中華民國目前在國際社會不是一個國家。」早在1971年美國國務院發言人布瑞，即在記者會講台澎主權「懸而未決」。

　　台灣的國際地位仍在漂流狀態……。

提昇沉淪一瞬間

作者：徐永明
定價：300元

　　台灣的歷史走向在最近幾年表現出巨大的變化，有令人振奮的，也有扼腕不解的，呈現混沌不確定的未來。

　　面對這樣的曲折路徑，本文蒐集作者過去幾年的政論文章，除了釐清這個道路與期待的交纏現象外，也紀錄台灣這個提昇沈淪一瞬間的歷史關頭，留下一個不只是政論的個人觀察與學習的紀錄。

型塑台灣人的精神

作者：世台會
定價：200元

　　台灣人的性格，在謙卑、超然中，夾雜著懦弱、膽怯，無法對國民黨外來政權的歷史劣行進行清算，六十多年後依舊載浮載沉在權利與欲望的漩渦之中。科索沃、東帝汶的獨立建國，看在廿一世紀的台灣人的眼中，如此理所當然，卻又宛若天方夜譚，台灣人獨立建國的勇氣究竟在哪裡？……

民主與統獨論

作者：李永熾
定價：350元

　　造神！國民黨拱馬英九為神，貶陳水扁如過街老鼠。假象！國民黨右手企圖造謠陳水扁貪腐，左手則拼命塑造馬英九清廉。汙衊！國親變相引發柔性政變，不間斷地羞辱陳水扁。

　　轉型正義的精神轉換並沒有完成，以致回歸兩蔣時代的威壓安定，反而喚起了既得利業者與權貴們的鄉愁。人民在承受不了統黨統媒的一波波聲浪下，心理極端想重回威壓下的安定，而形塑成一種「逃避自由」的畸形怪象……

黨產追緝令

作者：楊士仁

定價：250元

　　不當取得的黨產是民主憲政發展的毒瘤，而國民黨龐大的資產一直是媒體及民眾撻伐的對象。本書以近二十個案列，深入頗析國民黨掠奪國產、黨庫通國庫的不法行為。從1949年國民政府來台，將日治時代結束所遺留下來的日產，從接管者逐步轉為所有權人。二〇〇八年「討黨產」公投雖未克竟其功，但追緝國民黨不當取得的黨產，仍是台灣邁向公平選舉不可獲缺的一環……

台灣建國

作者：宗像隆幸

定價：300元

　　如果台灣獨立史的篇幅僅容提及一個日本人，那個名字就是宗像隆幸。論功勞、論苦勞、論資歷、論輩分，宗像皆可列名「台獨大老WHO's WHO」。

　　現在，這位傳奇人物終於下筆了，非凡的獨立歲月躍然紙上，再次動盪光采：故事是從1959年的東京開始的，一個神往古代希臘為爭取自由而與超級大國波斯作戰的日本大學生，遇見來自台灣的留學生許世楷……

人文台灣的幸福夢

作者：葉海煙

定價：280元

　　台灣，我們的家、我們的國、我們永遠不離不棄的母土，兩千三百萬人理當如此輕喚，如此低吟。而如今在台灣面臨又一次歷史抉擇的這個時候，我們是理當立即奮起，不再憂傷，不再哭泣，昂然舉身迎向黎明的亮光。此外，在這低迷的氣氛中，我們仍然必須警覺：是否我們的「台灣認同」依然不夠堅定、不夠厚實、不夠飽滿？而我們是否還沒有把「台灣認同」從土地認同、文化認同、社會認同，提升到「國家認同」的高度？……

嫌中論：／黃文雄 著；陳悅文 譯. - - 初版. - -
台北市：前衛，2008.06
240面；15×21公分

ISBN 978-957-801-593-7（平裝）

1. 民族性　　2. 文集　　3. 中國

535.7207　　　　　　　　　　97009464

嫌中論

著　　　者　黃文雄
譯　　　者　陳悅文
責任編輯　黃嘉瑜
美術編輯　宸遠彩藝
出 版 者　台灣本鋪：前衛出版社
　　　　　　11261 台北市關渡立功街79巷9號
　　　　　　Tel：02-2897-8119　　Fax：02-2893-0462
　　　　　　郵撥帳號：05625551
　　　　　　e-mail：a4791@ms15.hinet.net
　　　　　　http://www.avanguard.com.tw
　　　　　　日本本鋪：黃文雄事務所
　　　　　　e-mail：humiozimu@hotmail.com
　　　　　　〒160-0008 日本東京都新宿區三榮町9番地
　　　　　　Tel：03-33564717　　Fax：03-33554186
出版總監　林文欽　　黃文雄
法律顧問　南國春秋法律事務所　　林峰正律師
總 經 銷　紅螞蟻圖書有限公司
　　　　　　台北市內湖舊宗路二段121巷28、32號4樓
　　　　　　Tel：02-2795-3656　　02-27954100
出版日期　2008年6月初版一刷

定　　　價　新台幣250元
©Avanguard Pubishing House 2008
Printed in Taiwan　　ISBN 978-957-801-593-7